KB043629

공감

일러두기

'emotional intelligence'는 '감성지능, 정서지능' 등으로도 번역되나 이번 How to Live & Work 시리즈에서는 '감정지능'으로 표기하였다. 유사한 경우로 'self-compassion'은 '자기 자비'로(유사 표현: 자기 연민), 'self-awareness'는 '자아 인식'으로(유사 표현: 자기 지각, 자기 인식, 자의식), 'self-knowledge'는 '자기 이해'로(유사표현: 자기 인식) 번역어의 표기를 통일하였다.

HBR'S EMOTIONAL INTELLIGENCE SERIES: EMPATHY

HOW TO LIVE & WORK #2

공감

대니얼 골먼 외 지음 | 민지현 옮김

가슴으로 함께 일하는 법

21세기북스

차례

1
공감이란
무엇인가?

그리고 왜 그것이 중요한가

by 대니얼 골먼

대니얼 골먼 Daniel Goleman
럿거스대학교 조직 감정지능연구 컨소시엄의 공동 회장이며, 『감성의 리더
십』의 공동 저자다. 『뇌와 감정지능The Brain and Emotional Intelligence』 『선을 위한
힘 A Force for Good』을 썼다.

'attention(주의집중, 주목)'이란 단어는 '∼을 향해 손을 내밀다'라는 뜻의 라틴어 'attendere'에서 파생됐다. 이는 타인에게 집중하는 행위를 정확하게 설명해준다. 이러한 행위야말로 공감의 본질이자 사회적 유대를 형성하는 능력의 기본이다. 공감과 사회적 유대의 형성은 감정지능의 두 번째와 세 번째 영역을 구성한다(첫 번째 영역은 자아 인식이다).

타인에게 효과적으로 집중하는 능력을 가진 리더는 언제나 돋보인다. 그들은 공동의 관심사를 찾아낼 줄 알고,

자기 의견을 호소력 있게 전달할 수 있기 때문에 모든 사람들이 함께 일하고 싶어 한다. 그러므로 어느 단체 어느 지위에 있든 자연스럽게 리더십을 발휘한다.

공감 삼색

공감을 이야기할 때 우리는 대부분의 경우 하나의 속성만을 생각한다. 그러나 지도자의 위치에 있는 사람들이 공감할 때 타인에게 집중하는 모습을 자세히 살펴보면 공감의 유형이 세 가지로 뚜렷하게 구분되는 것을 알 수 있다. 이 세 가지는 각기 리더십을 효과적으로 발휘하는 데 매우 중요한 역할을 담당한다.

- 인지적 공감: 타인의 견해를 이해하는 능력
- 정서적 공감: 타인의 감정을 함께 느끼는 능력
- 공감적 관심: 타인이 나에게 필요로 하는 것이 무엇인지 알아차리는 능력

인지적 공감을 하는 지도자의 말은 호소력이 있다. 이러한 자질은 부하 직원들로부터 최선의 성과를 끌어내는 데 결정적으로 작용한다. 우리의 예상과 달리 인지적 공감을 잘하기 위해서는 상대의 감정을 직접 느끼기보다 감정에 대해 사려 깊게 생각할 수 있어야 한다.

탐구적 기질을 가진 사람이 인지적 공감을 잘한다. 다음은 인지적 공감을 잘하는 어떤 경영자의 말이다.

"나는 뭐든 배우는 것을 좋아하고, 주변 사람들을 이해하려는 편이에요. 왜 그 사람은 그런 생각을 했을까? 왜 그렇게 행동했을까? 그들에게 효과적인 방법과 그렇지 못했던 방법은 어떤 것일까? 이런 것들을 늘 생각하죠."

인지적 공감은 자아 인식에서 출발한다. 우리는 자신의 생각을 돌아보고 거기서 비롯된 감정들을 관찰하는 지도자적 사고 능력을 타고났는데, 타인에게 관심을 기울이고자 할 때는 바로 이 능력을 통해 똑같은 과정을 다른 사람에게 적용시킬 수 있다.

정서적 공감은 누군가를 효과적으로 지도하고자 할 때나 고객 관리, 또는 그룹 내의 심리적 흐름을 파악하고자 할 때 매우 중요한 작용을 한다. 이 능력은 깊은 사고를 거치지 않고 순간적으로 느낄 수 있게 하는 뇌의 오래된 부분, 즉 피질 아래 있는 편도체, 시상하부, 해마, 안와 전두 피질과 같은 곳에서 관장한다. 이것들은 타인의 감정 상태를 우리 몸속에 재현함으로써 타인의 감정에 몰입할 수 있게 해준다. 말 그대로 타인의 고통을 내 것처럼 느끼게 되는 것이다. 또한 상대의 흥미진진한 얘기를 들을 때는 뇌의 활동 양식이 상대의 것과 같아진다. 독일 라이프치히에 있는 막스플랑크 인지 및 뇌과학 연구소의 사회신경과학과 학장인 타니아 싱어는 "다른 사람의 감정을 이해하기 위해서는 자신의 감정을 이해할 수 있어야 한다"고 말한다. 정서적 공감력을 측정하려면 두 가지 유형의 주의력을 살펴봐야 한다. 하나는 상대방의 감정에 대한 자기 내면의 울림에 의도적으로 집중할 수 있는 능력이고, 다른 하나는 상대방의 표정, 음성, 그 밖에 외면적으로 나타나는 감정 표현을 알아차리는 능력이다.

공감력 키우기

||||||||||||||||||||||||||||||||||||||||||||||||||||||||||||||||||||||||||||||||||||||||

정서적 공감력은 향상될 수 있다. 이는 보스턴의 매사추세츠 종합병원에서 주관한 공감 및 관계과학 프로그램 중 헬렌 리스가 의료팀을 대상으로 진행한 연구 결과에서도 입증됐다. 리스는 의료진이 스스로를 모니터할 수 있도록 횡격막 심호흡을 통해 집중하는 법을 배우게 했다. 또한 자신의 생각과 감정에 빠져 혼란을 겪기보다는 한 걸음 물러서서 관조적으로 상호작용을 지켜보는 습관을 기르도록 지도했다.

"몰입되는 것을 지양하고 상황을 관조하면 감정적 반응이나 치우침 없이 상호작용을 주의 깊게 관찰할 수 있다. 스스로가 생리적으로 충분히 활력 있고 균형 잡힌 상태임을 확인할 수 있으며 현재 무슨 일이 일어나고 있는지 정확하게 알아차릴 수 있다."

예를 들어 의사가 정서적으로 뭔가 불편한 감정을 느꼈다면, 환자 역시 그 순간 비슷한 감정을 느끼고 있다는 신호라는 것이다.

리스는 상황을 알아차리지 못한 상태에서도 가식적으로나마 공감하는 시늉을 하다 보면 실제로 마음속에 공감이 일어난다고 덧붙인다. 진심으로 내키지 않는다 해도 상대방의 눈을 바라보고 그의 표정이나 몸짓에 주의를 집중하면서 배려하는 듯 행동하다 보면 상대방의 감정에 좀 더 몰입하게 된다는 것이다.

공감적 관심은 정서적 공감과 깊이 연결돼 있는데 타인의 감정뿐 아니라 그들이 당신에게 필요로 하는 것이 무엇인지까지 알아채는 것을 가리킨다. 당신이 주치의나 배우자, 그리고 직장 상사에게 바라는 바로 그것이다. 공감적 관심은 부모가 자녀에게 관심을 집중시킬 때 작동되는 신경 회로망에서 비롯된다. 누군가 사랑스러운 아기를 안고 방 안에 들어왔을 때 사람들의 시선이 아기에게 향하는 것도 포유동물의 수뇌부가 즉시 작동하기 때문이다.

지위가 올라갈수록 개인적 연대감을 유지하는 능력이 저하된다는 연구 결과가 있다.

한 신경 이론에 따르면, 편도체에 있는 뇌의 탐지 장치가 위험을 감지할 경우 전두엽 피질에서 보호 본능을 자극하는 옥시토신이 분비돼 반응을 하게 된다고 한다. 이는 공감적 관심에는 양면성이 있음을 암시한다. 우리는 타인이 고통받는 것을 보면 직관적으로 자신이 그 고통을 경험하는 것처럼 느낀다. 하지만 그 사람의 필요를 충족시켜줄 것인가를 판단해야 할 때는 그 사람의 안전이 나에게 얼마나 중요한가를 의식적으로 가늠해보게 되는 것이다.

이러한 직관과 의식적 사고를 균형 있게 작동시키는 능력은 매우 중요하다. 공감적 정서가 너무 강하면 스스로를 소진시킬 위험이 있기 때문이다. 타인을 도와주는 직업을 가진 사람의 경우에 이러한 현상은 '연민 피로증compassion fatigue'을 초래할 수 있다. 경영자가 필요 이상의 공감적 정서를 가진 경우 아무도 해결할 수 없는 상황과 그 상황에 처한 사람에 대한 걱정이 지나치면 심적으로 고통을 받을 것이다. 하지만 의식적으로 감정을 둔화시킴으로써 스스로를 보호하려다 보면 공감력을 잃어버릴 수 있다. 그러므로 공감적 관심을 균형 있게 작동시키기 위해서는 타인의 고통에 대해 둔감해지지 않으면서 자신의 고통을 통제할 수 있어야 한다.

공감력 통제하기

타인의 감정에 공감하기 위해 자신의 충동을 통제하는 훈련을 하다 보면 타인의 분출된 감정이 자신을 압도하는 상황에서 보다 현명한 판단을 할 수 있다.

평상시에 누군가 핀에 찔리는 것을 보면 우리의 뇌는 자신의 고통 중추가 그 고통에 반향하고 있다는 신호를 보낸다. 그러나 의사들은 의과대학 과정을 거치면서 그러한 자동 반응조차 차단하는 훈련을 받는다. 이렇게 뇌의 주의를 끄는 자극에 대한 마취는 측두엽-두정엽 연접 부위와 전두엽 피질 부위, 즉 감정을 솎아냄으로써 집중력을 강화시키는 회로에서 주관한다. 차분한 마음으로 타인을 돕기 위해 심리적 거리를 둬야 할 때 우리의 뇌에서는 바로 이런 작용이 일어난다. 감정이 격앙된 상황에서 충돌이 일어났을 때 해결책을 찾는 데 집중하기 위해 작동되는 것도 바로 이 신경 회로망이다. 화가 나 있는 사람과 이야기를 할 때도 이 시스템을 작동시키면 가슴에서 가슴으로 전달되는 정서적 공감이 머리에서 가슴으로 이어지는 인지적 공감으로 옮겨가면서 상대방의 견해를 인지적으로 납득할 수 있게 된다.

그뿐 아니라 몇몇 실험 연구의 결과도 도덕적 판단을 할 때는 공감적 관심을 적절히 적용하는 것이 매우 중요하다는 사실을 뒷받침하고 있다. 실험에 지원한 참가자들이 신체적 고통을 당한 사람의 이야기를 들을 때 뇌를 스캔해보면 뇌 중추 중 신체적 고통을 느끼는 부분에 즉시 불이 들어온다. 그러나 심리적인 고통에 관한 이야기를 듣고 있을 때는 공감적 관심과 연민을 관장하는 더 상위 단계의 뇌 중추가 작동을 하는데, 이 경우 반응 시간이 조금 길다. 해당 상황을 심리적, 도덕적 차원에서 이해하기 위해 시간이 필요하기 때문이다. 주의가 산만한 상태일수록 세심한 공감과 연민을 불러오기가 어려운 것이다.

2
공감이
엄격함보다
더 효과적인
경영전략인 이유

분노로 대응하면

충성심과 신뢰를 잃는다

by 에무 세플라

에마 세팔라 Emma Seppala
스탠퍼드대학교 연민과 이타심 연구 및 교육 센터 소장이며 『해피니스 트랙』의 저자다. 또한 온라인매거진 『풀필먼트 데일리Fulfillment Daily』의 창립자이기도 하다. 트위터 계정 @emmaseppala와 웹사이트 www.emmaseppala.com에서 팔로잉할 수 있다.

스탠퍼드대학교 신경외과 의사인 제임스 도티가 어린 소년의 뇌종양 수술을 할 때의 이야기를 들은 적이 있다. 수술 도중에 보조를 맡은 레지던트가 잠시 딴생각을 하다가 실수로 정맥에 구멍을 냈다고 한다. 사방으로 피가 흐르면서 도티가 집도 중이던 섬세한 뇌 부위가 피로 덮여버렸고 소년의 생명이 위태로워졌다. 도티는 즉시 피로 덮여 제대로 볼 수도 없는 수술 부위에서 구멍 난 정맥을 찾아 봉합해야 했다. 다행히 도티의 시도는 성공했다.

우리도, 대부분 뇌외과 의사는 아니지만, 살아가면서

부하 직원의 중대한 실수로 인해 중요한 프로젝트를 망칠 위험 상황에 직면할 때가 있다. 그렇다면 여기서 '부하 직원이 일을 잘 못하거나 실수를 할 때 어떻게 대처해야 하는가?' 하는 문제를 생각해보자.

그런 상황에 당연히 화가 나거나 못마땅하리란 것을 우리 모두 공감할 수 있다. 특히 그 실수가 중요한 프로젝트에 지장을 주고 모두에게 손해를 끼친다면 말이다.

기존의 방식대로라면 우리는 어떻게든 해당 직원을 질책하는 식으로 대처할 것이다. 다음에는 보다 긍정적인 효과를 얻으리라 기대하면서 말이다. 물론 질책을 통해 해당 직원은 교훈을 얻을 테고 우리의 실망감과 분노도 얼마만큼 해소될 것이다. 또한 질책당한 해당 직원 외 나머지 팀원들도 경각심을 갖고 향후 같은 실수를 반복하지 않으려 노력할 것이다.

그런데 직무 성과가 기대 수준에 미치지 못하는 직원에 대해 이와는 다른 방식으로 대처하는 경영자들이 있다. 연민과 호기심을 이용하는 것이다. 실망하거나 격분하지 않아서가 아니다. 그들 역시 직원의 실수가 모두에게 끼

칠 영향에 대해 걱정하지만, 비난하는 일을 뒤로 미루고 실수를 가르침의 기회로 이용한다.

이와 관련된 연구 결과들은 어떤 방식을 최선으로 지지할까? 공감하는 반응이 더 강력한 효과가 있다고 한다.

무엇보다도 상사가 연민과 호기심 어린 반응을 보이면 직원은 상사를 더욱 신뢰하게 되고 그에게 충성하려는 마음이 커진다. 급여의 액수보다 직장에서 경험할 수 있는 따뜻하고 긍정적인 대인관계가 직원의 충성심에 더 크게 작용한다는 사실이 한 연구를 통해 입증된 바 있다.[1] 특히 뉴욕대학교의 조너선 하이트가 진행한 연구에 따르면, 직원들이 상사를 존경하고 그의 연민이나 자상함에 감화됐을 때(하이트의 표현으로는 '고무됐을 때') 보다 진실된 충성심을 발휘한다.[2] 그러므로 당신이 직원들을 공감하는 마음으로 대하면 그들은 충성심을 갖게 되고 당신의 행위를 지켜본 다른 직원들도 감화돼 더욱 열심히 직무를 수행할 것이다.

반대로 분노나 실망감에 차서 그에 대응하면 충성심을 달아나게 하는 결과를 가져온다. 와튼 스쿨 경영대학 교수이자 『기브 앤 테이크』의 저자인 애덤 그랜트가 지적한 대로 직원에게 지나치게 무안을 주거나 비난 섞인 말을 하면, 당신의 행동이 상반 법칙에 의해 다시 당신에게로 돌아온다. 그래서 그랜트의 말대로, 다음에 당신이 그 직원에게 업무를 맡길 때 그의 충성심이 예전 같지 않다는 것을 느끼게 될 것이다.

우리는 특히 상사가 신뢰할 만한 사람인가를 중요하게 생각한다. 그리고 부하 직원에 대한 연민이 있는 상사에게는 신뢰의 마음이 더욱 커진다.[3] 한마디로 우리의 뇌는 공감해주는 상사에 대해서 더욱 긍정적으로 작용하는 것이다. 이는 신경 촬영법에 관한 연구에서도 입증됐다.[4] 그리고 직원의 신뢰는 업무 수행성의 향상으로 돌아온다.[5]

스탠퍼드대학교의 연민과 이타심 연구 및 교육 센터 소장이기도 한 도티의 첫 수술실 경험을 들어보자. 그때 도티는 너무 긴장한 나머지 땀이 비 오듯 쏟아졌다고 한다. 그러다가 땀방울이 떨어져 수술 부위가 오염됐다. 간단한 수술이어서 환자의 생명이 위태로워진 것은 전혀 아니었다. 더구나 수술실이었기 때문에 그 정도는 쉽게 닦아

HOW TO LIVE & WORK

024

낼 준비가 돼 있었다. 그러나 당시 그 분야에서 가장 명망 있는 외과 의사였던 집도의는 심하게 화를 내면서 도티를 수술실에서 내쫓았다. 도티는 지금도 절망적인 기분으로 집에 돌아와 울던 그때를 기억한다. 도티는 한 인터뷰에서 그 당시 집도의가 좀 더 긍정적으로 대응해줬더라면 자신은 끝까지 충심을 다해 그를 따랐을 것이라고 강력하게 주장한다.

"집도의가 화를 내는 대신 '이봐 젊은 친구, 이거 보게. 수술 부위가 오염됐잖아. 자네가 긴장을 해서 그런가 본데 잠시 밖에 나가서 마음을 가라앉히고 오게. 그리고 땀이 얼굴을 타고 흘러내리지 않도록 수술 모자도 다시 고쳐 쓰고 말이야. 그런 다음 돌아오면 다시 가르쳐주지'라고 말해줬다면, 나는 그때부터 그를 진심으로 존경했을 것이다."

분노의 감정으로 일관된 반응은 충성심과 신뢰를 달아나게 할 뿐 아니라 상대방의 정신적 긴장감을 극대화시키기 때문에 창의적 사고를 할 수 없게 만든다. 도티는 다음과 같이 설명한다.

"공포와 불안이 감돌고 신뢰가 부족한 환경에서는 사람들이 마음을 열지 못하고 폐쇄적인 자세를 취하게 된다. 신경과학적 근거에 의하면 공포와 불안을 느낄 때는 위협에 대처하는 기재가 작동되고 인지적 통제 기능이 지장을 받기 때문에 생산성과 창의성이 떨어질 수밖에 없다." 실제로 뇌 영상 연구를 살펴보면 안전하다고 느낄 때 뇌의 스트레스 반응이 줄어든다.[6]

그랜트도 이 의견에 동의한다.

"부하 직원의 실수를 드러내놓고 못마땅해하면서 화난 모습을 보이면 그 직원은 또다시 실수했을 때 발생할 상황들이 두려워서 앞으로는 위험부담이 있는 일을 하지 않으려고 할 것이다. 다시 말해서 학습과 혁신에 결정적으로 필요한 실험 정신이 발휘될 수 없다."

이 밖에도 그랜트는 미시간대학교의 피오나 리의 연구도 예로 들었는데, 실수로 인한 부정적 인과관계를 두려워할 필요가 없는 안전한 문화를 조성하면 창의성 발휘에 결정적으로 필요한 실험 정신을 고무할 수 있다고 한다.[7]

물론 분노를 느낄 때는 그만한 이유가 있기 때문이며

분노의 감정이 긍정적으로 작용할 수 있다는 연구 결과도 있다. 예를 들어 분노의 감정은 불의에 맞설 수 있는 용기를 북돋운다.[8] 그뿐만 아니라 우리를 강하게 보이도록 한다.[9] 그러나 리더인 당신이 분노와 같은 부정적 감정을 표현할 때 부하 직원들에게 전달되는 효과는 오히려 화를 내지 않을 때보다 작다.[10] 하버드대학교 경영대학원 교수 에이미 커디의 연구에서 밝혀졌듯이 엄격함보다는 따뜻함과 호감이 느껴지는 리더가 인재 경영 면에서 훨씬 더 유리하다.[11]

그렇다면 직원이 중대한 실수를 했을 때 어떻게 하면 좀 더 공감하며 대응할 수 있을까?

잠시 생각할 시간을 갖는다

도티는 우선 자기감정을 통제해야 한다고 말한다. 그것이 분노의 감정이든 실망이든, 아니면 다른 그 어떤 감정이든.

"일단 한 걸음 물러서서 자신의 감정적 반응을 통제해야 한다. 감정이 동요된 상태에서는 문제에 현명하게 접근할 수 없기 때문이다. 몇 걸음 물러서서 생각할 시간을 갖다 보면 좀 더 사려 깊고, 합리적이면서 분별력 있는 대응을 할 수 있다."

명상 수련을 하면 자아 인식과 감정 통제에 도움이 된다.[12] 화가 나지 않은 척하는 상태를 계속 유지하는 것은 좋지 않다. 연구에 의하면 그런 식으로 감정을 감추면 결국 본인뿐 아니라 부하 직원의 심장박동 수도 올라간다.[13] 그보다는 잠시 시간을 갖고 평정심을 되찾은 다음 한 발 물러선 상태에서 상황을 바라보는 것이 좋다.

직원의 입장에서 생각한다

문제에서 한 걸음 물러서서 보면 부하 직원의 입장에 공감할 수 있다. 도티는 어떻게 수술실에서 벌어진 재난에 가까운 상황 속에서도 분노에 휩싸이지 않고 생산적으로 대처할 수 있었을까? 자신의 첫 수술실에서 겪은 사건을 회상하면서 레지던트와 과거의 자신을 동일시하고 그의 입장에 공감할 수 있었기 때문이다. 덕분에 실망감을 누그러뜨린 다음 이미 사색이 된 레지던트를 꾸짖지 않고 정신의 집중 상태를 흐트러뜨리지 않으면서 소년의 생명을 구할 수 있었다.

입장을 바꿔 생각할 수 있는 것은 중요한 능력이다. 연구에 의하면 그러한 능력은 자신의 입장에서 볼 수 없던 면들까지 아울러 생각하게 함으로써 대인관계나 협상에서 더 좋은 결과를 끌어낼 수 있다고 한다.[14] 권위적인 위치에 있다 보면 자연히 공감력이 떨어진다. 그러므로 경영자의 위치에 있는 사람은 수시로 자의식을 일깨워 부하 직원의 입장에서 상황을 바라보는 훈련을 해야 한다.[15]

용서한다

물론 공감을 하면 용서하기가 수월해진다. 용서는 부하 직원의 충성심을 우러나게 해 관계를 돈독히 할 뿐 아니라 용서를 하는 자신에게도 도움이 된다. 한을 품고 있으면 심장에 해롭지만(혈압과 심장박동 수가 모두 상승되므로), 용서를 하면 자신의 혈압은 물론 용서를 받는 사람의 혈압도 내려간다.[16] 또 다른 연구에서는 용서를 하면 자신이 더 행복해지고 삶의 만족도도 높아지면서 스트레스와 부

#2 공감

정적 감정이 현저하게 감소된다는 사실이 밝혀졌다.[17]

신뢰감과 충성심, 창의성이 고양되면 직원들의 만족도는 물론 생산성도 상승되기 때문에 이직률도 자연히 낮아진다.[18] 긍정적인 대인관계는 직원들의 건강에도 긍정적 영향을 미치므로 병으로 인해 휴가를 신청하는 직원도 줄어들 것이다.[19] 또 다른 연구에 따르면 부하 직원에 대한 연민을 가지고 경영을 할 경우 고객 서비스는 물론 고객의 결과와 만족도도 향상된다.[20]

도티는 한 번도 누군가를 수술실에서 내쫓은 적이 없다고 했다.

"실수를 간과하지는 않지만, 자신의 실수를 인지하고 있는 경우라면 연민을 가지고 대응함으로써 당사자가 그 일로 무너지기보다는 뭔가를 배우는 기회로 삼을 수 있게 한다. 그러면 내가 그를 배려했던 만큼, 그도 나에게 자신의 발전된 모습을 보여주고자 노력한다."

3
타인의 말을 경청하는 사람들의 특징

다른 사람의 감정을 이해한다

by 잭 젠거, 조지프 포크먼

잭 젠거 Jack Zenger, 조지프 포크먼 Joseph Folkman
젠거 포크먼 리더십 개발 컨설팅의 공동대표로, 2011년 10월 「하버드비즈니
스리뷰」에 「자신을 필수 불가결하게 만든다는 것Making Yourself Indispensable」이
란 글을 기고했고, 『어떻게 탁월해질 것인가How to Be Exceptional』를 함께 펴냈다.

어쩌면 당신은 스스로 타인의 말을 잘 들어주는 사람이라 생각하고 있는지도 모르겠다. 사람들이 자신의 경청 능력을 평가하는 기준은 자신의 운전 실력을 평가하는 기준과 같다. 대부분 자신은 평균 이상이라고 생각한다.

　우리의 경험에 비춰볼 때 대부분의 사람들이 생각하는 경청하기의 기준은 다음 세 가지 조건으로 요약된다.

- 상대방이 말을 할 때 조용히 한다.
- 본인이 듣고 있다는 것을 상대방이 알 수 있도록 얼

굴 표정이나 음성으로 알린다('아하!'와 같은 감탄사로 응수).

• 상대방이 한 말을 그대로 반복해서 말할 수 있다.

　사실 경영 관련 분야에서 제시하는 경청하기에 관한 조언들도 위의 내용과 크게 다르지 않다. 조용히 들으면서 고개를 끄덕이거나 '아하!' 하는 말 등으로 응수해 화자의 사기를 북돋우며, 가끔 "당신의 이야기를 내가 잘 이해했는지 보세요. 그러니까 지금 하시는 말씀은……" 하고 반문하는 것이 좋다고 제안한다. 그러나 최근에 우리가 진행한 연구에 의하면 이러한 행위만을 가리켜 경청 기술이라고 하기에는 많이 부족하다.

　경영자들이 코칭을 더 잘할 수 있도록 돕기 위해 고안된 개발 프로그램에 참여한 3,492명의 행동 데이터를 분석해봤다. 우선 프로그램의 일환으로 참가자들의 코칭 기술을 전방위적으로 평가했다. 그 결과 타인의 이야기를 가장 효과적으로 들어주는 사람들로 지목된 상위 5퍼센트의 경청자 그룹을 선정할 수 있었다. 그런 다음 이 최고의 경청자 그룹과 평균 수준의 다른 참가자 그룹의 데이터를 비교해 두 그룹 사이에 두드러지는 스무 가지 특징을 찾아냈다. 그 결과에서 훌륭한 경청자와 보통의 청자를 구분 짓는 요소들을 알아냈고, 훌륭한 경청자의 특징들을 아래와 같이 정리했다.

그중에는 전혀 예상하지 못한 것들도 있고 예상했던 특징들도 있다. 그것들을 네 가지로 나눠보면 다음과 같다.

• **경청을 한다는 것은 상대방이 말을 하는 동안 그저 조용히 있는 것이 아니다.** 상대방의 이야기를 들으면서 가끔 질문을 통해 화자가 자신의 이야기 속에서 새로운 관점을 찾아내고 통찰할 수 있도록 도움을 주는 사람이 훌륭한 경청자로 지목됐다. 이때 경청자가 던지는 질문은 기존의 가정에 건설적인 방향으로 의문을 제기하는 것이 대부분이다. 가만히 앉아서 말없이 고개만 끄덕이는 행동만으로는 듣고 있다는 확신을 줄 수 없다. 하지만 질문을 하면 말을 하는 사람이 경청자가 자신의 말을 듣고 있었을 뿐 아니라 더 자세한 이야기를 듣고 싶어 할 만큼 잘 이해하고 있다는

사실을 알게 된다. 타인의 이야기를 잘 듣는 것은 '화자와 청자'의 일방적인 교류가 아니라 쌍방이 참여하는 대화와 같다. 그리고 대화는 활발할수록 좋다.

• **누군가의 말을 경청하는 행위는 자존감을 키워주는 상호 교류가 될 수 있다.** 훌륭한 경청자는 대화를 통해 상대방이 긍정적인 경험을 할 수 있게 해준다. 그러나 듣는 사람이 수동적이거나 화자의 말에 비판적인 태도를 취하면 긍정적인 경험을 할 수 없다. 훌륭한 경청자는 화자로 하여금 지지받는다는 느낌과 자신감을 갖게 한다. 경청을 한다는 것은 화제의 쟁점이나 의견 차이를 자유롭게 논의할 수 있는 편안한 환경을 조성하는 일이다.

• **누군가의 말을 경청하는 행위는 협력적인 대화를 나누는 모습과 같다.** 이러한 대화를 주의 깊게 관찰해보면 화자와 청자가 자유롭게 피드백을 주고받으면서 누구도 상대방이 제시하는 의견에 방어적으로 대처하지 않는 것을 볼 수 있다. 반면에 미숙한 청자는 마치 화자의 추론이나 논리에서 오류를 찾아내기 위해

듣는 것처럼 경쟁적 분위기를 자아낸다. 말없이 듣고 있는 동안 자신이 대응할 말을 생각하면서. 그런 청자는 훌륭한 토론자는 될 수 있지만, 좋은 경청자는 되지 못한다. 모범적인 경청자는 화자의 말에 내포된 가정이나 의견에 이의를 제기할 때에도 언쟁을 벌여 이기고자 하는 것이 아니라 화자를 도와주고자 하는 것임을 느낄 수 있게 한다.

• **훌륭한 경청자는 자신의 의견을 제시한다.** 연구에 따르면 훌륭한 경청자로 지목된 참가자들은 예외 없이 피드백을 제시했다. 화자는 그 피드백을 받아들였고, 그로 말미암아 다른 각도로 생각해볼 수 있는 기회를 얻었다. 이러한 연구 결과는 예상 밖이었는데, 그런 경우 청자는 종종 '그 사람은 남의 말은 듣지 않고, 다짜고짜 끼어들어서 결론을 내리려고 해'와 같은 말을 듣게 되기 때문이다. 어쩌면 이 연구를 통해 얻은 데이터가 말해주는 것은 의견을 제시하는 그 자체는 문제가 아니나, 그것을 제시하는 기술이 문제가 될 수 있다는 사실인 듯하다.

그게 아니라면 자신의 말을 잘 들어주는 사람이 제시하는 의견은 화자가 더 쉽게 받아들이기 때문일 수도 있다(화자가 말을 하는 동안 아무 말 없이 듣기만 하다가 나중에 자기 의견을 제시하면 그 의견의 신빙성을 의심하게 된다. 한편 대화 중에 경쟁적이거나 비판적인 태도를 취하다가 나중에 조언을 내놓으면 그 의견은 신뢰할 수 없다).

대부분의 사람들은 경청하는 행위를 상대방의 말을 스펀지처럼 그대로 흡수하는 것이라 생각한다. 하지만 위의 연구에서 밝혀진 바에 의하면 모범적인 경청자는 트램펄린과 같다. 그런 경청자를 상대로 이야기를 하다 보면 화자의 머릿속에 아이디어가 샘솟게 된다. 경청자는 화자의 아이디어와 에너지를 흡수하기보다는, 이를 증폭시켜주고 활력을 북돋워주며 사고를 명확하게 정리해준다. 수동적 태도로 화자의 이야기를 받아들이지 않고 적극적으로 지지함으로써 화자에게 긍정적 기운을 전달한다. 마치 트램펄린처럼 에너지와 더불어 도약할 수 있는 운동량을 증폭시켜주는 것이다.

물론 경청의 정도에도 여러 단계가 있다. 모든 대화를 최상위 단계로 집중해서 들어야 하는 것은 아니지만, 대부분의 경우 화자의 말에 집중하고 경청할수록 더 좋은 결과를 얻는다. 아래의 단계들을 살펴보고 당신이 누군가의 말을 들어줘야 한다면 어느 정도로 경청할 것인지 생각해보자.

- *1단계*: 편안한 분위기를 조성해서 화자가 말로 꺼내기 어렵고 복잡하거나 감정적으로 예민한 문제들을 의논할 수 있게 한다.
- *2단계*: 휴대전화나 랩톱처럼 주의를 분산시킬 수 있는 것들을 치우고 화자의 이야기에 집중하며 적절하게 시선을 맞춘다(이러한 행동은 타인의 눈에도 훌륭한 경청자로 보이게 할 뿐 아니라 경청자 자신의 태도와 마음가짐에도 영향을 미친다. 긍정적인 행동이 긍정적인 마음을 갖게 하기 때문이다. 동시에 경청을 보다 더 잘하게 된다).
- *3단계*: 화자가 하는 말의 요지를 파악하고자 노력한

다. 화자의 입장에서 생각하고, 질문을 던지며, 자기가 올바로 이해하고 있는지 확인하기 위해 이해한 바를 요약해서 말해본다.

- **4단계**: 화자의 표정, 땀, 호흡수, 몸짓, 자세 등 신체를 통해 나타나는 여러 가지 미묘한 비언어적 신호들을 주의 깊게 관찰한다. 이러한 행위가 좀 이상하게 여겨지는 독자들도 있겠지만, 경청은 귀로만 하는 것이 아니라 눈으로도 하는 것이다. 의사소통의 80퍼센트는 이와 같은 비언어적 신호를 알아채는 데서 이루어지는 것으로 추정된다.

- **5단계**: 대화가 진행될수록 경청자는 화제에 대한 화자의 감정이나 느낌을 점점 더 깊이 이해하고 파악하며 인정한다. 또한 그것들을 비판하지 않고 지지하면서 화자가 느끼는 감정이 합당하다는 것을 확인해준다.

- **6단계**: 화자의 말에 담겨 있는 가정을 좀 더 명확히 해주는 동시에 화자가 새로운 시점에서 문제를 바라볼 수 있도록 질문한다. 여기에는 주제에 관한 경청

자의 생각이나 아이디어 중에서 화자에게 유용할 만한 것들을 제시하는 것도 포함된다. 하지만 대화를 가로채서 자신이 제시한 내용이 대화의 주제가 되게 하지는 않는다.

위에 정리된 단계들은 아래서부터 한 단계씩 순차적으로 발전돼간다. 그러므로 당신이 화자의 말을 듣기보다는 해결책을 제시하려 한다는 지적을 받았다면, 당신의 제안이 감사히 받아들여지기를 기대하기 전에 다른 단계(주의를 분산시킬 수 있는 요인들을 제거하는 단계나 공감하는 단계)를 잘할 수 있도록 노력하는 것이 좋다.

타인의 말을 잘 듣는 훈련을 할 때, 우리 대부분은 충분히 노력하기보다는 아직 좀 부족한 듯한 시점에서 멈추는 경우가 많다. 이 연구가 듣기에 대한 새로운 시각을 제공해줄 것이라 기대한다. 스스로 훌륭한 경청자라 자처하기 전에 실제로 자신이 어느 단계에 해당되는지 알게 되기 바란다. 또한 경청이란 스펀지처럼 타인의 말을 모두 흡수하는 것이라는 일반적인 견해를 다시 한 번 돌아보는 계기가 되기 희망한다. 마지막으로, 최상위 단계의 경청은 트램펄린 같은 놀이기구가 아이들에게 하는 작용을 화자에게 해주는 것임을 모두가 이해했으면 좋겠다. 즉, 화자에게 에너지를 주고, 정신 작용을 더욱 활발하게 하며, 사고의 도약과 증폭이 일어날 수 있게 도와주는 것이다. 이러한 작용이야말로 훌륭한 경청의 보증 마크라 하겠다.

4

공감은
회의를
성공으로 이끄는
열쇠다

그룹 내 갈등을 파악한다

by 애나 땅기

애니 맥키 Annie McKee

펜실베이니아대학교 교육대학원 선임 연구원이며 펜시엘오PennCLO 경영자
박사과정의 책임자 겸 텔레오스 리더십연구소Teleos Leadership Institute의 설립자
이기도 하다. 대니얼 골먼, 리처드 보이애치스Richard Boyatzis와 『감성의 리더
십』, 『공감 리더십Resonant Leadership』, 『공감적 리더 되기Becoming a Resonant Leader』
를 함께 집필했다. 저서로『직장에서 행복할 수 있는 방법How to Be Happy at
Work』이 있다.

그렇다, 회의를 좋아하는 사람은 없다. 시간 낭비인 경우가 대부분이며 한도 끝도 없이 이어진다. 그러므로 경영자인 당신은 그 회의를 좀 더 나은 방향으로 이끌어야 할 책임이 있다. 그렇다고 회의를 더 짧게, 더 효율적으로, 더 조직적으로 진행하라는 뜻은 아니다. 회의에 참가한 사람들이 그 시간을 즐기고, 감히 말하건대, 재미있어할 수 있어야 한다.

직장에서도 행복감은 중요하다. 깨어 있는 시간의 대부분을 직장에서 보내는데 어떻게 그렇지 않을 수 있겠는

가. 만성적인 실망과 불만, 업무에 대한 노골적인 혐오를 수용할 수 있는 사람은 없다. 부정적 감정은 업무 협력은 물론 창의성과 혁신을 저해한다.[1] 협동 작업이 많거나 창의성, 혁신이 필요한 업무일수록 회의가 많은 것은 사실이다.[2] 그런데 회의가 순조롭지 못하면 필요한 업무를 진행할 수 없다.

어떻게 하면 회의 중에 좀 더 즐겁고 긍정적인 느낌을 경험할 수 있을까? 물론 참가자를 잘 선택하고, 좀 더 나은 일정을 짜고, 준비를 더 잘하면 된다. 그런 일들은 기본적인 해답이다. 하지만 참가자들이 좀 더 효율적이고 긍정적인 상호작용을 경험하게 하려면 감정지능 면에서 몇 가지 중요한 자질을 갖춰야(경우에 따라서는 개발해야) 할 필요가 있다. 그것이 바로 공감과 정서적 자기통제의 기술이다.

왜 공감의 기술이 필요한가? 공감은 사람의 마음을 읽을 수 있는 능력이다. 누가 누구를 지지하는가? 누가 화가 났고, 누가 건성으로 앉아 있는가? 반대하는 사람은 누구인가? 이런 의문에 답을 구하는 일은 결코 쉽지 않다. 때

때로 영리한 반역자는 지지자처럼 보이기도 하지만, 결코 지지를 보내지 않는다. 영리하고 은밀하게 아이디어를 고갈시킨다.

신중하게 사람들의 마음을 읽다 보면 그룹 내에 일어나는 갈등을 이해하는 데 도움이 된다. 많은 경우 이러한 갈등은 겉으로 드러나진 않지만 그룹의 성과에 중대한 영향을 미친다. 회의에서 거론되는 주제나 그 회의에서 내야 하는 결론과 아무 상관없는 것일 수도 있다. 어쩌면 그 갈등은 누가 누구에게 영향력을 행사할 수 있는가(본사와 현장의 관계, 외지인과 현지 주민의 관계)처럼 관계의 문제거나 성별 또는 다양한 종족 간의 세력 경쟁인 경우가 훨씬 더 많다.

공감력 있는 경영자는 이러한 힘의 역학을 잘 운영한다. 우리는 흔히 이러한 정서적인 문제를 고려한 배려나 회사 방침들을 도외시할 뿐 아니라 그런 사항에 관심을 갖는 것은 권모술수에 능한 사람들의 성향이라고 치부하는 경향이 있다. 하지만 그룹 내에서 영향력을 가진다는 것은 현실적으로 대단히 중요하다. 왜냐하면 그것이야말로 거의 모든 조직에서 즉각적인 효과를 발휘하는 강력한 거래 수단이기 때문이다. 그리고 그 효과는 회의 때 가장 극명하게 드러난다. 힘의 흐름을 읽는 법을 배우면 회의 는 물론 다른 모든 것을 선도하는 데 도움이 된다.

공감력을 활용하면 사람들이 당신에게 보이는 반응을 이해하는 데 도움이 된다는 사실을 명심하자. 리더인 당 신은 회의에 참석한 사람들 중에서 가장 영향력 있는 사 람일 것이다. 의존적인 성향을 가진 일부 직원들은 수시 로 당신의 비위를 맞추려 할 수도 있다. 그런 일은 기분 좋 은 일이다. 적어도 그 순간에는. 하지만 그런 분위기를 그 대로 이어가다 보면 결국 그룹 전체가 의존적이 되거나, 아니면 그룹이 양극화돼 당신이 원하는 것은 뭐든 하려는 사람들과 뭐든 하지 않으려는 사람들로 나뉠 것이다.

바로 이런 상황에서 경영자의 자기 관리 능력이 필요하 다. 몇 가지 이유를 들어보자. 첫째, 회의에 참석하고 있는 의존적인 사람들을 살펴야 한다. 다시 말하지만 당신을 선망하고 한마디 한마디에 지지와 동의를 보내는 사람들 이 있다는 것은 좋은 일이다. 사실 갈등의 연속이라 할 수 있는 조직 생활에 커다란 위안이 될 수도 있다. 하지만 그에 현명하게 대응하지 않으면 그룹의 분위기를 악화시킬 수 있으며, 동시에 당신은 어리석어 보일 것이다. 다른 사람들 역시 그룹 내의 분위기를 읽고 있으며, 당신이 추종자들을 좋아한다는 사실을 당장에 간파할 것이기 때문이다. 그들은 자만심의 먹이가 되는 당신의 모습, 또는 당신의 비위를 맞춰 조종하려는 사람들에게 조종당하는 당신의 모습을 지켜보게 될 것이다.

둘째, 강력한 감정 표현은 그룹의 분위기를 좌우한다. 회의 중이라면, 그 자리에 참석한 사람들은 현재 일어나고 있는 일을 어떻게 받아들일 것인지에 대해서 끊임없이 서로 신호를 주고받기 때문이다. 지금 위험한 상황인가? 축하할 일이 생긴 걸까? 지겨워하면서 냉소적인 반응을 보일 것인가, 아니면 희망을 갖고 열심히 업무를 수행해야 하나? 이런 일들이 회의를 할 때 왜 중요한지 살펴보자. 경영자인 당신이 희망이나 열정 같은 긍정적인 감정을 효과적으로 표출하면 다른 사람들도 그 감정을 그대로 '반사'하기 때문에 그룹의 전반적인 분위기도 긍정적으로 바뀌어 '우리의 마음이 하나로 뭉쳤으니 잘할 수 있어' 하는 자세로 회의에 임하게 된다.[3] 감정과 인지는 신경학적으로 매우 밀접하게 연결돼 있다. 따라서 전반적으로 기분이 좋고 적절한 도전거리가 있을 때 명확한 사고를 하고 창의성을 발휘한다.[4]

그 반대의 경우는 굳이 말하지 않아도 알 수 있을 것이다. 부정적인 감정도 전염되는데 이를 제지하고 관리하지 않으면 거의 대부분 파괴적인 방향으로 작용한다. 분노나 비난, 경멸을 표출해보라. 사람들은 일대일로, 또는 편을 갈라서 싸우려고 들 것이다. 모욕감을 안겨줘보라. 회의가 끝나고 한참 후에도 사람들은 당신에게서 멀어져 있을 것이다. 당신이 어느 특정인에 대해 그런 감정을 가졌는가는 중요하지 않다. 부정적 감정을 표출하는 당신의 모습을 보는 것만으로도 사람들은 전염된다. 그리고 다음 표적은 자신이 될 것 같은 불안감을 느낀다.

그렇다고 모든 긍정적인 감정이 항상 좋은 결과를 초래하고, 부정적인 감정은 절대 표현하면 안 된다는 말은 아니다. 리더의 감정은 전염성이 매우 높다는 사실을 강조하고 싶은 것이다. 이 점을 염두에 두고 감정을 적절하게 관리해서 화기애애한 가운데 모두가 의사결정을 하고 업무를 수행할 수 있는 환경을 만들자.

군이 언급할 필요도 없는 사실이기는 하지만, 수시로 휴대전화를 들여다보면서 이런 일을 할 수는 없다. 대니얼 골먼이 그의 저서 『포커스』에서 말했듯이, 우리는 스스로 생각하는 만큼 다중 작업에 능하지 못하다. 아니 사실은 아주 서툴다. 그러니 휴대전화의 전원을 끄고 지금 함께 있는 사람에게 주의를 기울이자.

결국 참석자들이 회의 중에 일어난 일에 대해서, 자신들의 성과에 대해서, 그리고 리더인 당신에 대해서 좋은 감정을 갖고 떠날 수 있도록 하는 것은 모두 당신의 책임이다. 공감은 현재 벌어지는 상황을 읽을 수 있게 하고, 자기관리는 그룹의 구성원들이 업무를 성취하는 데 도움이 되는 분위기, 즉 행복한 분위기로 이끈다.

5
과거의 경험이
공감을 방해한다

나의 성공사례를 상대방에게
강요하지 마라

by 케이철 르탄, 페리윈터 맥도널, 로런 노드그렌

레이철 루탄 Rachel Ruttan
노스웨스턴대학교 켈로그 경영대학원에서 박사과정을 밟고 있다.

메리헌터 맥도널 Mary-Hunter McDonnell
펜실베이니아대학교 와튼 스쿨의 조교수다.

로란 노드그렌 Loran Nordgren
노스웨스턴대학교 켈로그 경영대학원 인사조직과 부교수로 재직하고 있다.

당신이 처음 부모가 됐다고 상상해보라. 갑자기 할 일도 많아지고 늘 피곤하기 때문에 직장에서 업무 능률이 떨어질 수밖에 없다. 시간제로 일을 하면서 가족과 좀 더 많은 시간을 보내고 싶은 마음이 간절할 것이다. 두 명의 직장 상사 중 한 사람은 열심히 일해서 승진을 하는 동안 자녀도 낳아 키웠고, 다른 한 사람은 자녀가 없다. 그렇다면 둘 중 어느 상사가 당신의 청을 들어줄 확률이 높을까?

대부분의 사람들은 자녀가 있는 상사를 찾아가라고 할 것이다. 같은 경험을 했으니 부하 직원의 상황에 공감할 것이라 생각하면서.

하지만 이러한 직감적 판단은 틀리는 경우가 많다. 최근 실험 연구 결과, 과거에 힘든 과정(이혼을 하거나 승진에서 누락되는 상황)을 경험한 사람은 그런 상황을 겪어보지 않은 사람과 비교했을 때, 같은 상황으로 힘들어하는 사람에게 연민을 보이지 않는다.[1]

첫 번째 실험에서는 3월에 얼음처럼 차가운 미시간호수에 뛰어드는 '북극 점프'에 참여한 사람들을 대상으로 설문 조사를 했다. 모든 참가자들에게 패트라는 남자의 이야기를 읽게 했는데, 패트는 호수에 뛰어들기로 했다가 마지막 순간에 겁을 먹고 행사에서 빠진 사람이다. 패트의 이야기를 읽은 참가자들 중에는 이미 점프를 끝낸 사람들과 일주일 후에 점프를 하기로 한 사람들이 있었다. 실험 결과는 성공적으로 점프를 끝낸 참가자들이 아직 점프하지 않은 참가자보다 패트에게 연민을 덜 느끼고 더 심하게 경멸하는 것으로 나타났다.

또 다른 연구에서는 실직으로 곤란을 겪는 사람에 대한 연민을 실험해봤다. 200여 명의 참가자에게 온갖 노력을 다해도 직장을 구하지 못하는 사람의 이야기를 읽게 했다. 실직자는 결국 생활고를 해결하기 위해 마약 파는 일까지 하게 된다. 여기서도 과거에 실직으로 고생했던 경험이 있는 사람이 현재 실직 중이거나 한 번도 강제로 해고됐던 적이 없는 사람보다 연민을 덜 느끼고 비판적이었다.

세 번째 연구는 동년배의 아이들에게 괴롭힘을 당한 10대 소년에 관련한 실험이었다. 참가자들에게 소년이 괴롭힘에 성공적으로 대처한 이야기와 잘 대처하지 못하고 폭력적으로 대응한 이야기 중 한 가지를 들려줬다. 성공적으로 대처한 소년에 대해서는 과거에 괴롭힘을 당해본 경험이 있는 참가자들이 그렇지 않은 참가자들에 비해 더 많은 연민을 보였다. 하지만 앞서 언급된 연구에서와 마찬가지로, 현명한 대처에 실패한 소년에 대해서는 괴롭힘을 당해본 참가자들이 연민하는 정도가 훨씬 적었다.

위의 연구들을 종합해보면 어려운 시기를 겪어본 사람들은 비슷한 시련으로 힘들어하는 사람들에게 오히려 냉혹한 잣대를 들이댈 확률이 높다는 것을 알 수 있다.

왜 그러는 걸까? 이러한 현상은 두 가지 심리적 사실에 근거한다.

　첫째, 일반적으로 사람들은 과거의 경험으로 말미암아 자신이 정확히 얼마나 힘들었는지 기억하지 못한다. 고통스럽고 스트레스를 많이 받았으며 정서적으로도 힘들었다는 사실은 기억하지만, 당시에 느꼈던 아픔 자체는 상당 부분 잃어버리고 실제보다 가볍게 생각하는 경우가 많다. 이러한 현상을 '공감 간극empathy gap'이라고 한다.[2]

　둘째, 역경을 헤쳐 나온 경험이 있는 사람은 그 상황이 얼마나 힘든지 잘 알고 있다고 자신한다. '얼마나 힘든지 내가 잘 알지' 하는 마음과 '나도 그 역경을 스스로 헤쳐 나왔어'라는 생각이 합해져서 누구나 극복할 수 있는 어려움이라고 믿어버린다. 따라서 힘들어하는 사람에 대한 공감이 가벼워지는 것이다.

　이렇게 연구 결과는 우리의 직감과는 반대의 결론에 도달했다. 참가자들에게 누가 괴롭힘을 당한 소년에게 가장 깊은 연민을 느낄 것인지(예를 들어 괴롭힘을 당한 경험이 있는 선생님과 그렇지 않은 선생님 중에서 누가 더 공감할 것인지)를 예측하게 했는데, 112명 중에 99명이 괴롭힘을 당한 경험이 있는 선생님을 선택했다. 많은 사람들이 직감에 의존해서 연민을 보내줄 가능성이 가장 적은 사람에게 기대를 한다는 사실을 알 수 있다.

이러한 현상은 동료 간의 의사소통에도 해당된다(당신이 고민을 털어놓는 사람에 대해서 한번 생각해보라). 비슷한 배경과 경험을 가지고 있는 두 사람을 짝지어주는 멘토링 프로그램이 적절한지도 다시 한 번 고려해봐야 할 것이다. 그런데 여기에는 리더의 자리에 있는 사람들이 기억해야 할 중요한 교훈이 있다. 힘든 상황에 처한 직원이 찾아왔을 때 경영자는 그 문제에 대한 자신의 정서적 대응에 비춰 직원에게 모범적 해답을 제시해야 한다고 생각할 것이다. 예를 들어 유리 천장을 뚫고 올라온 경영자라면 차별 대우에 관해 불만을 얘기하는 부하 직원을 대하면서 자신의 성공에 초점을 맞출 수 있다. 마찬가지로 자문 회사나 은행처럼 업무가 많은 직장의 매니저라면 에너지가 소진됐다거나 극심한 피로를 느낀다는 부하 직원의 불만에 대해 '나도 그 정도 일을 하는데 자네는 왜 불평을 하지?' 하는 식의 대응을 할지도 모른다(이러한 대응은 과

#공감

059

도한 업무를 완화하기 위해 연령이 높은 직원을 뒷전에 배치하는 구조 개선 중에 나타난다).[3]

　간단히 말해서 지도자라면 자기 세계에 빠져 자신의 과거 경험을 지나치게 강조하는 방식의 소통은 하지 말아야 한다. 공감 간극을 줄이려면 지도자는 상대방이 얼마나 힘들어하고 있는가에 초점을 맞춰 대화를 하거나, 다른 사람들도 같은 어려움을 겪고 있다는 사실을 상기해보는 것이 바람직하다. 첫 번째 예로 다시 돌아가서, 처음으로 부모가 된 직원을 마주한 상사는 직장 일과 가정생활의 균형을 유지하기 위해 고군분투하다가 결국 직장에서 밀려난 수많은 신참 부모들을 떠올렸더라면 더 좋았을 것이다.

　누군가에게 좀 더 공감적인 소통을 하라고 권할 때 우리는 흔히 이렇게 말한다.

　"그 사람의 신발을 신고 1마일만 걸어봐."

　그런데 진실을 알고 보면, 그 신발을 이미 신어본 적이 있는 사람에게 그렇게 말하는 것은 완전히 반대의 효과를 초래할 수 있다.

6
권력을 얻으면
공감력이
떨어진다

겸손함을 잃지 않기 위해
다른 사람들의 피드백을 구하라

by 루슬란

루 솔로몬 Lou Solomon
커뮤니케이션 자문 회사인 인터랙트Interact의 대표이사다. 『진실 말하기Say Something Real』의 저자이며, 퀸스대학교 맥콜 경영대학원 겸임교수를 맡고 있다.

지난해 나는 수석대표를 지내는 의뢰인을 만난 적이 있다. 여기서는 가명을 써서 스티브라고 하겠다. 스티브는 승진을 한 이후, 상사로부터 그의 언행이 주변의 호감을 얻지 못하고 있다는 지적을 받았다. 상사의 말에 따르면 스티브는 회의 때마다 옳은 말을 하는데, 뭔지 모르게 그의 말에는 분위기를 썰렁하게 하는 뉘앙스가 풍겨 나온다는 것이다. 스티브가 정답을 말하고 나면 어느 누구도 더이상 자기 생각을 말하려고 하지 않는다고 했다. 이는 스티브가 승진을 한 다음부터 팀의 일원으로 일을 하기보다는 다른 사람들보다 많이 알고 있는 우월한 일인자로 행세하고 있다는 지적이었으며, 한마디로 공감력이 떨어졌다는 뜻이었다.

왜 많은 사람들이 경영자의 위치로 승격이 되고 나면 이런 식의 행동 변화를 보이는 걸까? 연구에 따르면 개인이 권력을 손에 넣은 후에는 실제로 공감하는 능력이 저하된다고 한다. 저자이자 캘리포니아대학교 버클리의 사회심리학자인 대커 켈트너가 진행한 실증적 연구에서도 권력을 가진 사람은 공감력과 타인의 감정을 알아채는 능력, 자신의 행동을 타인에 맞춰 조정하는 능력이 부족하다는 결과가 나왔다. 캐나다 온타리오에 있는 윌프리드로리에대학교의 신경과학자 수크빈더 오비 교수가 진행한 연구에서도 입증됐듯이 권력을 가지면 실제로 뇌의 기능에 변화가 일어난다.[1]

지도자의 위치에 있는 사람들이 가장 많이 범하는 과실은 사기나 자금 횡령, 연애 사건이 아니다. 그보다 훨씬 더 자주 목격하는 오류는 일상적인 자기관리의 실패, 그리고 자아와 사리사욕을 충족시키기 위한 권력 행사다.

왜 이런 일이 생기는 걸까? 서서히, 그러다가 어느 순간 갑자기 말이다. 아마도 무의식 단계에서 일어나는 사소한, 그러나 잘못된 선택들에 의해서 초래되는 결과일 것이다. 그러한 선택들은 직권을 남용하는 형태로 나타날 수도 있고, 특별 대우를 요구하거나 독단적인 결정, 자기 방식을 고집하는 형태로 나타날 수도 있다. 지도자의 위치에 있는 사람이 운전 중 과속이나 음주 단속에 걸렸을 때 오히려 분개하며 호통을 치는 경우가 많다. "내가 누군지 알아요?"

그 소식이 일시에 대중매체를 통해 퍼지면 그를 한때 존경했던 우리의 마음은 실망으로 바뀐다.

그렇다면 이제 권력과 명예에 관한 더 중요한 이야기를 해보자. 꿈을 이루기 위해 첫발을 뗐던 사람들이 어쩌다가 자아만 살찌우는 결과를 초래하게 됐을까? 권력의 맛을 조금씩 즐기기 시작하다가 어느 순간 정도를 넘어서 사리사욕을 위해 권력을 남용하는 지경에 이르렀을 것이다.

노스캐롤라이나 샬럿시의 시장을 지냈던 패트릭 캐넌

Patrick Cannon의 예를 들어보자. 캐넌은 아무런 배경도 없이 자수성가한 사람이다. 가난했으며 다섯 살의 나이에 충격적인 사건으로 아버지를 잃었으나 이러한 역경을 잘 극복했다. 그리고 스물여섯 살에 노스캐롤라이나 A&T 주립대학교에서 학위를 받고 샬럿 역사상 최연소 의회 의원이 됐다. 그 후 캐넌은 사회봉사에 헌신했으며 청소년을 위한 인도자의 역할을 수행하기 위해 많은 시간을 할애했다.

그랬던 캐넌이 47세였던 2014년 재임 중에 5만 달러의 뇌물을 받은 혐의로 유죄판결을 받았다.[2] 그리고 샬럿 연방 법원으로 출두하던 길에 발을 헛디뎌 넘어진다. 그가 넘어지는 모습은 미디어를 통해 만천하에 공개됐는데 이 모습은 의회 의원이자 사업가로서 역경을 극복하고 성공을 쟁취한 사람의 표상이었던 그의 몰락을 상징적으로 보여주는 장면이었다. 이제 캐넌은 역사상 최초로 감옥에 수감된 시장으로 기억된다. 캐넌을 개인적으로 잘 아는 사람들은 그가 좋은 사람인 것은 틀림없으나 너무 인간적이어서 그런 실수를 했다고 말한다. 독단적으로 결단을 해야 하는 위치에 있으면서 도덕적 판단력이 취약해진 것이라고 말이다. 한 목사는 단 한 번의 잘못된 판단으로 캐년의 인간성과 예외적인 사회적 공헌을 일순간에 부정하고 비판하는 것은 옳지 않다고 주장한다. 그러나 겸손함과 관용의 표상이었던 그는 오늘날 부패를 끊어내지 못했던 자신의 가장 취약한 면모에 의해 평가되고 있다. 그리고 사람들은 법정에 들어가면서 넘어지던 그 모습으로 캐년을 떠올리게 됐다.

그렇다면 권력을 가진 사람과 권력을 남용하는 사람을 구분하는 선을 넘지 않으려면 어떻게 해야 할까? 첫째, 당신의 세계에 다른 사람이 들어올 수 있도록 마음을 열어야 한다. 취약함이 드러날 위험을 감수하고 당신의 행위에 대한 피드백을 들어야 한다. 훌륭한 경영자 코치가 공감 능력과 현명한 판단력을 잃지 않도록 도와줄 수도 있다. 하지만 다양한 사람들로부터 피드백을 받는 것이 좋다. '나 지금 잘하고 있어요?'와 같이 피상적인 질문들 말고 '나의 경영 스타일과 중점을 두는 사안들이 직원들에게 어떤 영향을 미치고 있나요?' 같은 구체적이고 실질적인 질문을 하라.

예방 차원의 관리는 자아 인식과 과감한 자기 점검에서 시작된다. 그런 맥락에서 자신에게 던질 수 있는 중요한 질문들을 살펴보자.

1. 직함을 떠나서 당신에게 관심을 갖고 당신이 겸손함을 잃지 않도록 도와줄 수 있는 친구, 가족, 동료들의 네트워크가 만들어져 있는가?
2. 경영 코치나 멘토, 또는 신뢰할 만한 친구가 있는가?
3. 말한 바를 실천하지 않는 것에 관해서 어떤 피드백을 받았는가?
4. 특권을 요구하는 편인가?
5. 아무도 관심 갖지 않을 정도로 사소하거나 불편을 초래하는 약속이라도 일단 약속을 했으면 지키는 편인가?
6. 당신은 다른 사람들이 집중적 관심을 받을 수 있는 기회를 만들어주는가?
7. 결단을 내릴 때 혼자 독단적으로 처리하는 편인가?

그 결정들은 당신이 추구해온 가치를 반영하는가?

8. 평소에 자신의 잘못을 인정하는가?

9. 당신은 직장이나 가정, 그리고 주변의 관심이 자신에게 쏠려 있는 순간에 항상 같은 모습인가?

10. 당신은 스스로 예외적이고 특별한 규정이 적용될 만한 사람이라고 생각하는가?

사람들은 신뢰할 수 있는 지도자에게 다른 어떤 가치와도 바꿀 수 없는 믿음과 존경을 보낸다. 그러므로 그가 말한 것을 실천하지 않거나 사리사욕을 위해 권력을 남용하는 것을 보면 그 어느 때보다도 실망할 수밖에 없다. 우리는 모두 유능하고 예지력과 지도력을 갖춘 지도자를 원한다. 하지만 공감력과 진정성, 포용력은 유능한 지도자를 위대한 지도자로 만든다. 자아 인식이 잘 발달된 지도자는 권력을 남용하려는 위험 신호를 알아차리고 수정해 늦기 전에 바른 길로 들어선다.

7
공감을 얻는 제품을 디자인하려면

사람을 중시한다

by 존 글코

존 콜코 Jon Kolko

교육 소프트웨어 기업 블랙보드Blackboard에서 디자인 부문 부사장을 맡고 있으며, 오스틴 디자인센터Austin Center for Design의 설립자이자 책임자다. 저서로 『잘된 디자인Well-Designed』이 있다.

시장이라는 외적 요인이나 기술이라는 내적 요인에 집중
하던 제품 관리 원칙이 사람을 향한 공감적 집중으로 바뀌
고 있다. 그런데 이러한 기본 개념을 사람들에게 이해시키
기는 어렵지 않아도, 그것을 어떻게 실질적인 행동 전술로
전환할 것인가를 생각해내기는 어렵다. 그러므로 이 글에
서 나는 이러한 접근 방식을 특정 제품 개발의 착수 단계
에서부터 적용하다가 대규모로 채택하고, 궁극적으로 기
업 인수까지 하게 된 과정을 상세하게 소개하고자 한다.

　나는 마이에듀MyEdu의 부사장으로 일한 적이 있다. 마

이에듀는 학생들이 대학에서 학업을 성공적으로 수행하고, 그들의 성취를 고용주들에게 효과적으로 제시해서 취업에 유리하도록 돕는 일을 하는 회사다. 처음 마이에듀는 일정 계획 프로그램을 비롯한 일련의 무료 학업 계획 도구들을 제공하는 일부터 시작했다. 우리는 대학 인력 고용에 초점을 맞춘 비즈니스 모델을 구성하는 과정에서 대학생과 채용 담당자들을 대상으로 행동 및 공감에 관한 연구를 실시했다. 이런 성격의 연구는 사람들이 하는 말보다는 그들의 행동에 초점을 맞춘다. 장시간 기숙사에 머물면서 학생들이 숙제를 하고, TV를 보고, 수업 등록을 하는 모습을 관찰하는 것이다. 학생들의 대학 생활을 지켜보면서 우리가 찾아내고자 했던 것은 학업상의 충돌이나 실용적인 문제점들이 아니라 대학생으로 산다는 것이 어떤 의미인지에 관한 일련의 직관적 느낌들 같은 것이었다. 채용 담당자에 관한 연구도 같은 형식으로 진행됐다. 그들이 지원자들을 면접하고 채용 절차를 진행하는 과정을 지켜봤다.

이런 형식의 연구는 놀랄 만큼 간단하다. 가서 사람들

을 관찰하기만 하면 되니까. 문제는 짧은 시간 안에 상대방을 무장해제시킬 수 있는 관계를 형성해야 한다는 점이다. 우리는 스승과 견습생의 관계를 목표로 잡았다. 스승에게서 배우려는 겸손한 견습생의 자세로 연구 활동에 임하기로 했다. 조금 우습게 들릴 수도 있지만 대학의 학생들은 학계에 몸담고 그 안에서 여러 가지 성공과 실패를 경험한 스승들이다.

　연구를 마치면서 전 과정을 문서로 남겼다. 많은 시간이 걸리는 작업이었지만, 그렇게 함으로써 참가자들 전체의 목소리가 우리의 뇌리에 각인될 수 있으므로 매우 중요한 일이었다. 녹음 파일을 재생해놓고 타이핑을 하고, 멈췄다가 다시 뒤로 되돌리는 작업을 반복하면서 우리는 말 그대로 참가자의 관점에서 생각하기 시작했다. 또한 연구 기간이 끝나고 몇 년 후에도 참가자들의 말을 반복해 읽으면서 그들의 의견을 '정리해서 활용'할 수 있었다. 기록된 내용을 수천 개의 개별 문장으로 보급하기도 하고, 어떤 문구들을 전략 회의실에 붙여놓기도 했다.

　이 행동 연구의 입력값은 우리가 공감하고자 하는 모집

단의 프로필이었고, 출력값은 참가자들의 발언을 글자 그대로 옮겨 적은 방대한 데이터였다. 그 데이터를 여러 사람이 돌려가면서 읽기에 용이한 분량으로 나눴다.

일단 많은 양의 데이터가 확보되고 난 다음에는 데이터의 내용을 의미 있는 통찰이 가능한 분량으로 통합했다. 이는 고되고 끝이 보이지 않는 작업이었기 때문에 아무리 많은 시간을 할애해도 결코 충분할 것 같지 않았다. 문구가 적힌 쪽지들을 일일이 읽으면서 주목할 만한 부분에 하이라이트를 하고 돌려봤다. 그리고 각각의 쪽지에 나타난 유사점과 특이점을 식별하면서 상향식으로 분류했다. 생산팀 전원이 이 과정에 참여했다. 15분, 또는 30분 정도의 여유 시간을 이용해 잠시라도 쪽지를 읽고 해당 파일에 분류할 수 있도록 했다. 시간이 지나면서 작업실의 분위기가 잡혀갔다. 작업 그룹이 형성됨에 따라 작업 성격에 맞는 그룹 이름을 붙여줬다. '경력 서비스'나 '고용'과 같은 함축적인 이름 대신 '취업을 위한 학생들의 이력서 작성'처럼 쪽지의 첫머리를 따서 제목으로 활용했다.

작업이 충분히 진전돼갈 때쯤 우리는 분류 기준에 대해

'왜'라는 질문을 던져 다시 한 번 성찰의 시간을 가졌다. 이 과정의 핵심은 **해답을 정확히 알지 못하더라도 일단 질문에 나름대로 답을 해보는 것**이다. 그러기 위해서 우리가 학생들에 대해 알고 있는 사실과 우리 자신에 대해 알고 있는 사실을 통합했다. 우리 자신의 경험에 근거하고, 학생들에게 맞춰진 공감 렌즈를 최대한 활용하면서 추론을 도약시킬 수 있었다. 우리는 이렇게 혁신을 도모함과 동시에 위험 요소를 첨가했는데 이번 연구의 경우에는 '왜 학생들은 직업을 구하기 위해 이력서를 작성하는가?'를 묻는 것이었다. 그에 대해 '학생들은 고용주가 이력서를 보고 싶어 한다고 생각하니까'라는 답을 내놨다. 이런 과정을 로저 마틴Roger Martin은 '귀추법abductive reasoning'이라고 했는데, 예측 가능한 범주를 넘어서 도발적인 혁신의 세계로 들어가는 논리의 재조합 형태를 말한다.[1]

각 그룹에 던져진 '왜'라는 질문에 모두 답을 하고 나서, 일련의 성찰 보고서를 작성했다. 말하자면 인간 행동의 진실에 대한 도발적인 보고서인 셈이다. 되도록이면 우리가 함께 시간을 보낸 학생들에게서 시선을 거두고 전체 학생들의 보편성에 초점을 맞춰 답변을 추론하면서 '왜'라는 질문에 대한 답을 작성했다. '왜 학생들은 직업을 구하기 위해 이력서를 작성하는가?' 묻고, '학생들은 고용주가 이력서를 보고 싶어 한다고 생각하니까'라고 답하는 식으로 말이다. 그러고 나서 좀 더 심층적인 보고서를 작성했다. '학생들은 고용주가 지원자들에게 무엇을 원하는지 알고 있다고 생각하지만 학생들의 생각이 틀리는 경우가 많다.' 이렇게 수동적인 진술을 좀 더 적극적인 주장으로 표현했다. 그리고 추론의 커다란 도약을 통해 새로운 제품, 서비스, 또는 아이디어를 얻을 수 있는 토대 위에 도달했다.

채용 담당자에 관해서도 고용주들로부터 얻은 정보를 가지고 위와 같이 도발적인 보고서를 작성할 수 있다. 우리의 연구에 따르면 채용 담당자들은 이력서를 검토하는 데 아주 적은 시간을 할애하면서도 지원자에 대해 상당히 확정적인 의견을 세운다. 따라서 심층 보고서에는 '채용 담당자들은 순간적인 판단에 의해 지원자의 성패를 좌우할 수 있는 결정을 내린다'라고 적는다. (〈도표 1〉 참조)

〈도표 1〉

학생의 통찰	고용주의 통찰
학생들은 고용주가 지원자들에게 무엇을 원하는지 알고 있다고 생각하지만, 그들의 생각은 틀린 경우가 많다.	채용 담당자들은 순간적인 판단에 의해 지원자의 성패를 좌우할 수 있는 결정을 내린다.
"이력서는 당신의 인생 그 자체와 같다. 초콜릿 공장에 들어갈 수 있는 황금 티켓이니까." – 사만다, 국제 비즈니스 전공생	"내가 모집하는 5개의 자리에 지원한다 해도, 당신은 그중 어느 하나에도 채용되지 않을 것이다." – 메그, 채용 담당자
• 작품(포트폴리오)을 통해 드러나는 능력보다도 이력서에 적힌 내용을 더 강조한다. • 어느 한 분야에 심층적인 실력과 유능함을 지니기보다 얄팍하더라도 다양한 분야에 능력을 지녀야 한다고 생각한다. • 가능한 한 많은, 거의 모든 구인 광고에 응시한다.	• 하나의 단편적인 데이터에 근거해서 단 몇 초 만에 확정적 판단을 한다. • 특정 기술에 초점을 맞추고 그 기술을 가지고 있는지 알 수 있는 단서를 찾는다. • 학생의 자기소개 내용에 근거해서 지원자의 이야기를 예상해본다.

이러한 통합 과정의 입력값은 연구에서 얻은 정리되지 않은 상태의 데이터를 글로 적어 커다란 벽에 게재해놓은

것이다. 그리고 출력값은 일련의 통찰, 즉 인간 행동의 진실에 관한 도발적인 보고서다.

이제 우리는 양편의 통찰을 통합, 비교해 가치 평가를 내리는 것이 가능하다. 학생과 채용 담당자의 통찰을 연계해 병치하니 '만약 ……라면'의 가능성으로 문제를 좁힐 수 있었다. 만약 학생들에게 직업을 찾는 새로운 방법을 가르쳐줄 수 있다면? 만약 학생들에게 직업을 찾는 또 다른 방법을 알려줄 수 있다면? 만약 학생들이 자신의 기술을 찾아내고 그것을 신뢰를 얻을 만한 방식으로 고용주들에게 제시할 수 있도록 도와준다면(〈도표 2〉 참조)?

〈도표 2〉

학생의 통찰	고용주의 통찰
학생들은 고용주가 지원자들에게 무엇을 원하는지 알고 있다고 생각하지만, 그들의 생각은 틀린 경우가 많다.	채용 담당자들은 순간적인 판단에 의해 지원자의 성패를 좌우할 수 있는 결정을 내린다.
'만약 ……라면'의 기회: 만약 우리가 학생들이 자신의 기술을 찾아내고 그것을 신뢰를 얻을 만한 방식으로 고용주들에게 제시할 수 있도록 도와준다면?	

여기서 표현을 조금 다듬으니 역량 가치 제안을 할 수 있었다. "마이에듀는 학생들이 자신의 기술을 발견하고 신뢰를 얻을 만한 방법으로 고용주들에게 제시할 수 있도록 돕습니다."

이 가치 제안은 하나의 약속이다. 학생들에게 우리의 제품을 이용한다면 우리는 그들이 자신의 기술을 찾아내서 그것을 고용주들에게 효과적으로 제시할 수 있도록 돕겠다고 약속하는 것이다. 그러한 약속을 지키지 못하면 학생들은 제품에 대해 만족스럽지 못한 경험을 하고 우리를 떠나게 된다. 다른 제품이나 서비스 회사의 경우도 마찬가지다. 만일 컴캐스트Comcast가 우리 가정에 인터넷 서비스를 제공하겠다고 약속하고서 지키지 못한다면 우리는 실망할 것이다. 약속을 지키지 못하는 경우가 잦아지면 결국 그 회사와의 계약을 끊고 유사하거나 더 나은 서비스를 제공하는 업체로 옮겨갈 것이 분명하다.

공감적 디자인 과정의 이 단계에서 통찰은 입력값으로 작용하며, 출력값은 감성적 호소력을 가진 가치 약속이다.

가치 제안이 정리되고 나니 우리가 구축하는 내용에 제약 조건들이 생겼다. 외부적인 가치 보고서를 제공해야 할 뿐 아니라, 그 가치 보고서에는 역량과 기능, 그 외에 우리가 생각해낸 세부적인 아이디어들을 가치 제안에 포함시키기에 적절한가를 어떻게 판단할 것인지에 대한 설명이 들어 있어야 했다. 새로운 기능을 생각해냈다고 해도 학생들이 자신의 기술을 발견하고 고용주들에게 효과적으로 제시하는 데 도움을 주지 못한다면 개발할 필요가 없는 것이다.

가치 약속은 주관적인 맥락에 객관적 기준을 세우게 하는 요인이 되며, 이를 통해 우리가 쏟아내는 아이디어들이 걸러진다.

이제 본격적인 이야기를 들려줄 단계다. 이를 우리는 '위대한 흐름hero flows'이라고 부르기도 하는데 우리 제품을 통해서 사람들이 좀 더 행복하고 만족스러운 삶을 살 수 있게 되는 경로를 보여준다는 뜻이다. 이 단계에서는 고객이 제품을 통해 우리가 약속한 가치를 부여받는 내용을 그려내야 한다. 먼저 이 과정을 글로 쓰고, 막대그림으로 나타내면서 실제 제품 인터페이스를 스케치하기 시작한다. 그런 다음 지극히 전통적인 제품 개발 공정을 거쳐 와이어프레임, 시각 구성, 동작 연구, 그 밖의 기본적인 디지털 제품의 요소를 갖춘 살아 있는 이야기로 탄생시키는 것이다.

이 과정을 통해 학생의 학업 수행 능력을 고용주들에게 효과적으로 강조해줌으로써 취업에 유리하도록 해주는 고도의 시각적 기록인 마이에듀 프로필MyEdu Profile이 만들어졌다. 연구를 진행하는 동안 몇몇 대학생들로부터 "링크드인LinkedIn 사이트를 이용하다 보면 내가 초라하게 느껴져요"라는 말을 들었다. 학생들은 이런 면에서 전문적인 경험이 많지 않기 때문에 자신의 능력이나 경험을 효과적으로 강조한다는 것은 처음부터 성공하기 힘든 일이다. 하지만 우리의 학업 계획 도구를 사용하면 학생들의 행위나 활동들이 프로필로 옮겨져 학업 수행 능력을 효과적으로 강조하는 데 소중한 자료로 사용된다. 우리가 약속한 가치 제안이 실현되는 것이다.

우리의 가치 제안이 제품 개발의 핵심에 대한 입력값이

며 출력값은 제품이다. 그리고 이 제품은 학생들의 행동을 변화시켜서 그들이 원하는 것, 필요로 하는 것, 그리고 소망하는 것을 성취하게 해줄 반복적이고 점증적인 일련의 역량들이 원활히 발휘될 수 있게 한다.

위에서 언급한 링크드인은 '공감적 연구empathetic research'의 예를 잘 보여준다. 우리는 데이터를 놓고 오랫동안 심사숙고하고, 합당성을 확인하는 철저한 과정을 거쳐 통찰에 다다랐다. 이렇게 얻은 통찰을 최대한 이용해 가치 제안을 내놓고, 전체적인 기본 구조 위에 이야기를 구성했다. 이러한 과정의 결과로 정서적 공감을 이루는 제품이 만들어졌다. 프로필 제품은 1년 정도 만에 100만 명 이상의 학생 사용자를 구축했으며 학기 등록 기간 중에는 신규로 등록하는 학생이 하루 3,000명에서 3,500명까지 늘었다. 교육 소프트웨어 기업인 블랙보드가 마이에듀를 인수해 자사의 주력 제품인 학습 관리 시스템에 통합시킨 후에는 하루에 신규 등록을 하는 학생 수가 1만 8,000명에서 2만 명까지 증가했다. 여기 소개된 과정은 어렵지도 않고, 새로운 것도 아니다. 프로그 디자인Frog

Design 같은 회사는 이미 수년간 이러한 접근 방식의 효과를 극대화하고 있으며, 나 역시 카네기멜런대학교의 학부 과정에 있을 때 공감 디자인의 기초를 배웠다. 하지만 대다수 기업의 경우 이러한 과정을 실현시키려면 완전히 새로운 기업 이념을 수용해야 한다. 이는 통계적 시장 데이터가 아닌 고품질의 심층 데이터에 근거한 과정이며, 기술보다는 사람에 중점을 두고 있다. 뿐만 아니라 행동에 관한 통찰을 얻어내고 신뢰해야 하는 주관적이고도 모호한, 그래서 위험 부담이 따를 수밖에 없는 과정이다.

8

페이스북은
사용자의
데이터를
안전하게
보호하기 위해
공감을 어떻게
활용하는가?

보호 대상에 대한 이해가 먼저다

by 멜리사 루반

멜리사 루반 Melissa Luu-Van
페이스북의 상품 전략 매니저로, 사용자가 계정에 접속하는 일과 계정의 보안을 유지하는 일을 돕는 협업팀을 이끌고 있다.

온라인 보안이라고 하면 기술적인 내용에 초점을 맞추기 쉽다. 소프트웨어, 또는 하드웨어, 취약성 등등. 그러나 효과적인 보안은 기술력만큼이나 인력에 달려 있다. 결국 중요한 것은 제품을 사용하는 소비자나 직원, 파트너를 보호하는 일이기 때문이다.

그들이 기술을 다루고 서로를 대하는 방식에 따라 보안 전략의 효과가 완전히 달라진다. 그러므로 보안 제품과 도구에 문제가 생겼을 때는 사람들의 상호작용을 염두에 두고 접근해야 하며, 그러기 위해서 공감이 필요하다.

이렇게 페이스북에서는 공감이 효과적인 해결책을 만들어내는데 그 이유는 페이스북이 사용자의 경험과 웰빙을 토대로 디자인됐기 때문이다. 페이스북이 보안을 보다 공감적인 방향으로 향상시키기 위해 추구하는 세 가지 방법을 소개하겠다.

실행 가능하고 구체적인 목표

제품이 사용되는 문화적·물리적 맥락을 연구해 제품의 사용 목적을 더욱 정확하고 세세하게 파악한다. 사용자가 어려워하는 부분과 필요로 하는 부분들을 짐작하기보다는 제품에 내장된 보고 기능, 온라인 설문 조사, 관심 집단 등을 통해 사용자와 소통함으로써 정확하게 이해한다.

최근의 예를 들어보자. 여러 관심 집단에게 페이스북의 보안 문제와 관련해 가장 중요하게 생각하는 것은 무엇인지 물었다. 관심 집단이 가장 걱정하는 것은 무엇일까? 그들이 안전하게 느끼도록 하려면 어떻게 해야 할까? 압도적인 숫자의 사람들이 사용자가 통제할 수 있는 부분을 늘려달라고 했다. 페이스북이 사용자의 계정을 보호하기 위해 뒤에서 열심히 일하고 있다는 사실만으로는 부족하다는 것이다. 또한 사용자의 상당수가 페이스북이 제공하는 보안 기능들에 대해서 모르고 있다는 사실을 알게 됐다. 하지만 일단 그러한 기능들에 대해 알고 나면 열심히 사용하고자 했다. 그 밖에도 사용자들은 보안 기능을 각자가 통제하고 싶어 했으며, 각각의 기능들이 어떻게 계정을 보호하는지 확인할 수 있으면 좋겠다고 말했다. 이를 통해서 페이스북은 보안 기능에 관해 두 가지 매우 중요한 사실을 알게 됐다. 첫째, 사용자가 보안 기능을 좀 더 쉽게 찾아볼 수 있어야 한다. 둘째, 보안 기능을 눈으로 확인할 수 있어야 하며, 동시에 사용자가 좀 더 많은 부분을 통제할 수 있어야 한다.

이러한 사실들을 염두에 두고 보안 검색Security Checkup 기능을 만들었다. 페이스북의 보안 설정을 좀 더 쉽게 찾아보고 간편하게 사용할 수 있도록 설계한 것이다. 초기 시험 단계를 거쳐 전 세계에 출시하는 과정에서 사용자들에게 새 도구를 경험해본 소감을 물었다. 사용자들은 보안 검색 기능이 매우 유용하고 도움이 많이 된다고 응답

했으며, 검색 완료율이 90퍼센트 이상까지 치솟았다. 이러한 결과는 보안 검색 도구가 성공적이었음을 입증해주는데, 결코 예상하지 못했던 것은 아니다. 사용자가 선호하는 방향과 개선을 원하는 사항들을 파악하고 그것에 근거해 맞춤형으로 설계했기 때문이다.

우리의 최우선 목표는 페이스북을 사용하는 사람들을 보호하는 일이다. 그런데 이번 연구를 통해서 또 하나의 목표가 추가됐다. 사용자들이 웹상에서 어디를 가든 스스로 보호할 수 있도록 돕는 것이다. 페이스북을 통해 알게 된 보안에 대한 지식이 온라인상에서 보다 안전하게 활동하는 데 도움이 될 수 있다. 예를 들어 고유한 비밀번호를 쓴다거나 사용하려는 앱이 사용자의 정보를 어느 정도까지 요구하는지 확인하는 습관을 기르는 건 다른 사이트를 이용할 때에도 바람직한 일이다.

협력적인 협업팀

보안 문제에 접근할 때는 주로 공학적인 기술력이 중심이 되고 연구나 디자인, 제품을 담당하는 부서가 연합

한 협업팀cross-functional team은 보조적 역할을 맡는 경우가 많다. 하지만 공학적 기술 못지않게 원칙의 문제도 사고 과정과 제품 개발에 결정적 역할을 한다는 사실을 알게 됐다. 왜냐하면 사고의 다양성이야말로 공감의 중요한 특성이기 때문이다.

따라서 여러 부서의 인력이 모인 협업팀은 제품 사용자들의 다양한 경험에 근거한 의견들을 반영할 수 있기 때문에 매우 중요하다. 자동차 제조업체들은 이런 형태의 작업을 이미 수년간 해왔다. 차량이 의도된 사용 범주를 벗어난 상황(말하자면 고속 질주 상태에서 충돌을 하게 되는 경우)에서도 승객의 안전을 도모할 수 있도록 안전벨트와 에어백을 추가한 것도 바로 이런 방식의 협력 작업을 통해서였다. 승객이 안전한 승차 경험을 할 수 있게 하는 장치를 차량에 기본 장착하는 방식으로 차량 디자인을 개량한 것이다. 마찬가지로 페이스북의 보안 도구도 디자인을 개선하면 사용자의 안전한 행동 양식을 유도할 수 있다는 믿음으로 설계됐다. 연구 및 보안, 사용자 경험, 마케팅, 제품 디자인, 커뮤니케이션 부서들을 포함해서 페이스북의 여러 부서들이 이러한 목적으로 협력한다.

매 단계마다 모든 팀이 모여서 엔지니어링이나 디자인, 보안 문제에서 예상되는 난관에 대해 논의하며 해결책을 모색하고, 이러한 문제들이 페이스북 제품을 사용하는 누군가의 경험에 미칠 영향을 고찰한다. 이러한 전문가들의 협동 작업을 통해 잠재적 문제점을 개발 단계에서 제거함으로써 사용자가 경험할 수 있는 불편함을 미연에 방지할 수 있다. 보안 검색 프로그램을 초기 반복 실행하는 점검 과정에서 깨달은 사실을 예로 들어보자. 사용자가 기존의 보안 기능에 관심을 갖도록 유도하다 보면, 일부 사용자는 뭔가 잘못됐다는 경고나 알림으로 받아들이기도 한다는 사실을 알게 됐다. 다행히 개발팀에 디자인 및 커뮤니케이션 전문가들도 있었기 때문에 사용자가 필요 이상으로 걱정하지 않도록 실용적 메시지를 전달하는 보안 검색 제품을 개발할 수 있었다.

입력값보다는 결과에 중점을 둔다

마지막으로, 가장 중요한 것은 공감이 사용자의 안전을

지켜준다는 사실이다. 사용자가 경험을 통해 안전하다고 느끼지 못한다면 아무리 많은 보안 도구를 개발한다 해도 아무런 소용이 없다. 그렇기 때문에 항상 사용자가 결과적으로 어떠한 경험을 하는가에 먼저 초점을 맞춰야 한다. 이런 면에서 공감력이 도움이 되는 몇 가지 이유가 있다.

첫째, 자사 제품을 사용하는 사람들에게 공감함으로써 사용자의 온라인 활동 방식에 대단한 변혁은 아니더라도 사소하지만 유용한 변화를 가져올 수 있다. 대부분의 사용자들에게 온라인 보안 문제는 부담스러운 주제이기 때문에 적극적으로 대응할 생각을 하지 못하는 경우가 많다. 따라서 작은 변화부터 시작해야 장기적인 효과를 거둘 수 있다. 조금씩이나마 점진적인 변화를 추구하는 방식만으로도 사용자가 잠재적 위험 요소를 인지하고 안전한 선택을 하는 데 도움이 된다. 온라인 계정에 별도의 보안 설정을 해두는 것과 같은 간단한 행위도 커다란 영향을 미친다.

둘째, 소비자와 소통할 때 공감적 언어를 사용하면 보안 문제에 대한 거리감을 좁히고 좀 더 친근하게 문제에 접근할 수 있다. 기술 전문가들이 사용하는 전문용어를 사용하기보다는 현지 문화와 언어의 맥락에서 쉽게 이해될 수 있는 용어와 개념을 기반으로 소통하는 것이 좋다. 연구에 따르면 온라인상의 위협 요인을 피할 수 있도록 돕는 과정에서 사용자를 주눅 들게 하는 부담스러운 커뮤니케이션 방식을 사용하면 그가 점차 도움 받기를 꺼리게 된다고 한다. 반면에 탄력적인 커뮤니케이션 방식은 사용자들이 잠재적 위험 요인을 이해하고, 실수를 만회하며, 중요한 예방적 행동을 인지하게 하는 데 훨씬 더 큰 효과를 발휘한다.

팀의 공감도를 높이고 싶다면, 신규 채용이나 팀 간의 협업을 통해 제품 개발에 다양한 분야의 전문성을 도입하는 것이 가장 효과적이다. 심리학이나 행동과학, 커뮤니케이션 분야에서 경험을 쌓은 전문가들을 모아 공감적 팀을 구성하고, 자사 제품을 사용하는 사람들의 경험과 보안 관련 문제들을 이해하는 데 시간과 노력을 기울여야 한다. 사용자가 제품을 사용하면서 어떠한 경험을 하며, 그들의 보안 관련 관심사는 무엇인지 함부로 짐작하거나 가정하지 말자.

공감을 한다는 것은 쉬운 일이 아니다. 먼저 당신이 보호하고자 하는 사람들을 깊이 이해하려는 마음가짐이 필요하다. 그런 마음가짐으로 문제에 접근할 때 보안 효과도 그만큼 높아진다. 궁극적으로 가장 중요한 것은 바로 그 점이다.

9
공감의 한계

심신을 소진시킨다

by 애덤 웨이츠

애덤 웨이츠 Adam Waytz
노스웨스턴대학교 켈로그 경영대학원 인사조직과 부교수로 재직하고 있다.

몇 년 전에 포드자동차에서 엔지니어들(대부분이 남성)에게 '임신 공감용 복대'를 착용하게 한 적이 있었다. 임신 중의 증상들, 즉 허리 통증이나 신장의 압박감, 약 14킬로그램 정도 늘어난 몸무게 등을 직접 경험해볼 수 있을 뿐 아니라 태아의 발차기를 모방한 '움직임'까지 느낄 수 있는 장치였다. 팔을 뻗어서 닿을 수 있는 거리가 달라지고 자세와 무게중심의 변화 등 임신한 여성이 운전 중에 겪게 되는 불편함을 비롯해 인체 공학적 어려움들을 전반적으로 이해할 수 있게 하기 위해서였다.

이러한 시도가 포드의 자동차 제품들을 향상시키는 데 공헌을 했는지, 아니면 고객의 만족도를 높이는 데 도움이 됐는지는 알 수 없으나 엔지니어들은 이러한 실험이 도움이 된다고 주장한다. 따라서 포드의 직원들은 여전히 임신 공감용 복대를 착용하고 있으며, 시력이 떨어지고 관절이 뻣뻣해진 고령 운전자의 운전 경험을 모의실험하기 위해 '고령자 공감용 슈트'를 착용하기도 한다. 이는 분명 헨리 포드가 성공의 열쇠로 꼽으며 유명해진 명언 '다른 사람의 입장에 서보려는 시도'다.

이렇듯 공감이란 단어가 엔지니어링이나 제품 개발뿐 아니라 포드자동차 전체, 더 나아가 사회 모든 분야에 일대 유행처럼 부각되고 있다. 좀 더 포괄적으로 말하자면 디자인 및 혁신적 사고의 기본에 공감의 개념이 깔려 있는 것이다. 또한 공감이 핵심적인 리더십 기술로 강조되기도 한다. 이것은 조직 내에서 다른 사람의 마음을 움직이고 주주들의 관심사에 부응하며 소셜 미디어를 이용자들의 요구에 부응할 수 있게 만들 뿐 아니라 회의도 훨씬 효과적으로 진행할 수 있게 해준다.

그러나 나를 포함한 여러 사람들이 최근 진행한 연구에 의하면 공감에 대한 이러한 찬사와 기대는 조금 지나친 감이 있다. 다른 사람을 지도하고 관리하는 데 공감은 매우 중요한 기술이다. 공감하지 못하면 잘못된 결정으로 재난을 초래할 수도 있고, 앞서 언급된 모든 공감의 효과를 얻지 못하게 된다. 그러나 동시에 공감의 한계를 정하지 못하면 개인과 조직의 수행 능력이 저하될 수 있다.

아래에 지나친 공감이 초래할 수 있는 가장 큰 문제와 그것을 해결할 수 있는 방법들을 몇 가지 소개한다.

문제 1: 지나친 공감은 심신을 소진시킨다

여러 개의 정보를 동시에 처리해야 한다거나 분주한 환경에서 방해받지 않고 하나에 집중해야 하는 등의 중대한 인지 작업을 할 때, 공감은 해당 작업에 사용할 수 있는 정신적 자원을 고갈시킨다. 그러므로 지속적으로 공감을 해야 하는 일을 하다 보면 '연민 피로증'을 경험하게 되는 것이다. 연민 피로증이란 스트레스와 극도의 피로로 인해 일시적으로 공감을 하지 못하게 되는 현상인데 점차 심해

지면서 만성으로 발전될 수도 있다.

건강 및 복지 서비스 종사자(의사, 간호사, 사회복지사, 교도관)들처럼 공감이 기본적으로 필요한 업무를 수행하는 사람들이 특히 그러한 위험에 노출돼 있다. 호스피스 간호사들에 대한 연구를 예로 들어보자.

연민 피로증의 주요 심리적 증상에는 불안, 정신적 외상을 입은 듯한 느낌, 그리고 학자들이 '공감 과다excessive empathy'라고 부르는 증상, 즉 (타인의 입장을 '함께 느끼는' 정도를 넘어) 타인을 위해 자신의 욕구를 희생하는 현상 등이 있다.[1] 근무 시간이 길거나 업무량이 너무 많은 것도 원인일 수 있지만, 이러한 요인들은 영향을 미치는 정도가 예상만큼 크지는 않다. 한국의 간호사들을 대상으로 실시한 설문 조사를 살펴보면, 연민 피로증을 자각하고 호소하는 정도로 볼 때 이직을 생각하고 있을 가능성이 크다.[2] 간호사를 대상으로 한 또 다른 연구에서는 연민 피로증에 따르는 현상으로 결근율이 높아지거나 약물 처방을 할 때 실수가 잦아지는 문제 등이 나타나는 것으로 밝혀졌다. 자선단체나 그 밖의 비영리단체(동물 보호소 같은 곳)에서 일하는 사람들도 비슷한 위험에 노출돼 있다. 자의적으로 떠나는 사람이 많은 이유 중 하나가 과다한 공감을 필요로 하는 업무의 성격 때문이라는 것이다. 물론 낮은 임금이 자기희생적 요소를 더욱 가중시키는 것도 사실이다. 이에 더하여 비영리단체의 운영 방식에 대한 사회의 통념이 너무 경직돼 있는 탓에 이들이 비즈니스 운영 방식을 따를 경우(예를 들어 운영상의 어려움을 피하기 위해 '간접 비용'에 투자할 경우) 심한 사회적 반발을 사는 것도 또 하나의 원인이 될 수 있다. 결과적으로 사회는 이들에게 척박한 여건 속에서 이타적인 연민을 끝없이 쏟아부어주길 기대하는 것이다.

그 밖에도 끝없는 공감이 요구되는 분야들이 있다. 날마다 지식 노동자들의 경험과 견해를 이해하고 그들이 자신의 업무에서 개인적 의미를 찾을 수 있도록 동기를 부여해야 하는 경영자의 위치가 그렇다. 고객 서비스 담당자들도 전화로 불만을 호소하는 소비자들의 화난 마음을 가라앉혀줘야 한다. 어떤 상황에서 어떤 역할을 맡아도 공감을 최우선 조건으로 하는 임무는 심신을 지치게 한다.

문제 2: 공감은 제로섬게임이다

공감은 에너지와 인지 기능을 소모하는 작업일 뿐 아니라 지나치게 사용하면 공감력 자체가 고갈될 수 있다. 다시 말해서 배우자에게 공감하면 할수록 어머니에게 공감할 수 있는 역량은 줄어들며, 어머니에게 공감하면 할수록 아들에게 공감할 수 있는 역량은 줄어든다는 뜻이다. 공감을 하고자 하는 마음도 실행할 수 있는 역량도 한정돼 있기 때문이며, 그 대상이 가족이든 친구든 고객이든 동료든 마찬가지다.

이와 관련해 한 연구 결과를 살펴보기로 하자. 미용사와 소방관, 전기통신 서비스 종사자를 포함해 다양한 직업에 종사하는 844명을 대상으로 설문 조사를 실시해 직장과 가정에서 일어나는 공감적 행위의 상충 관계에 대해 알아봤다.[3] 직장에서 '동료의 문제와 고충을 들어주는 일'에 시간을 많이 할애하거나 '과도한 업무로 힘들어하는 동료'를 도와주는 사람의 경우 가정에서 가족들과의 유대에 적극성을 띠지 못하는 것으로 밝혀졌다. 직장에서 이미 감정적으로 고갈되고 지친 상태가 됐기 때문이다.

제로섬게임이라는 공감의 특성으로 말미암아 일어나는 또 다른 상충적 현상이 있다. 내부자를 위한 공감, 즉 같은 팀이나 조직 내에 있는 사람에 대해 공감을 하다 보면 그룹 밖에 가까이 있는 사람에게 공감할 수 있는 역량이 줄어든다. 가까운 친구나 동료를 이해하는 데 더 많은 시간과 노력을 들이게 되기 때문이다. 보통 가까운 사람을 생각하는 마음이 앞서기 마련이므로 당연한 결과다. 이렇게 공평하지 못한 공감적 투자가 초래한 간극은 우리가 지닌 공감력의 한계로 인해 더욱 깊어진다. 총량이 정해져 있는 공감력이 가까운 사람에게로 집중 투자되면서 그와의 결속력은 더욱 굳건해지고, 그룹 밖에 있는 사람과의 유대를 다지려는 의욕은 더욱 시들해지기 때문이다.

선취적 공감은 자기 그룹을 보호하려는 태도로 보여서 타 그룹의 적대감을 불러일으킬 수 있다(교황이 천주교회의 성폭행 문제 처리 방법을 칭찬할 때 사람들이 어떻게 반응했는가를 떠올려보자). 또 하나 놀라운 사실은 이러한 공감이 외부를 향한 내부자들의 공격성을 야기할 수 있다는 것이다. 시카고대학교의 니컬러스 에플리 교수와 내가 함께 진행한 실험을 예로 들어보자. 두 팀의 참가자들을 관찰하는 실험이었는데 한 팀은 친구와 함께(우선적 공감대가 형성되도록), 또 다른 팀은 낯선 사람과 함께 앉도록 하고 테러 집단(외부 그룹 중에서도 특히 부정적 감정을 야기할 수 있는 집단)에 대한 감정을 관찰했다. 테러리스트들에 대한 이야기를 들려주고 그들을 인간 이하로 묘사한 글을 몇 명이나 지지하는지, 그들에게 물고문 하는 것을 용인할 수 있는지, 전기 고문은 몇 볼트까지 시행하는 것이 적절한지 물었다. 이때 낯선 사람과 동석한 참가자보다 친구와 함께 있는 참가자 그룹이 고문과 비인간적인 대우를 용인하는 정도가 훨씬 높았다.

이 연구는 극단의 상황에 관한 경우이긴 하지만, 조직 내에서도 같은 원칙이 적용된다. 자신의 직원이나 동료에 대한 공감이 다른 사람에 대한 공격적 대응을 초래하는 상황들이 있다. 그뿐 아니라 내부자들의 경우 그룹 외의 사람에 대해 공감하려는 마음이 없는데 이러한 태도가 만연하다 보면 다양한 분야의 전문 기술과 조직 간 건설적인 협동 작업의 기회를 놓치기 쉽다.

문제 3: 공감은 윤리적 판단력을 약화시킬 수 있다

끝으로 공감은 윤리적 판단력을 흐릴 수 있다. 테러리스트에 관한 연구에서도 그러한 예를 볼 수 있었다. 하지만 대부분의 경우 문제는 외부인에 대한 공격성에서 비롯되는 것이 아니라 내부자에 대한 극단적 충성심 때문이다. 우리에게 가까운 사람들의 행동을 보고 느끼는 데 너무 집중한 나머지 그들의 관심사를 자신의 것으로 받아들이게 되기도 한다. 그러면 적절한 한도를 넘어서거나 옳지 못한 행동을 하면서도 이를 간과할 수 있다.

행동과학이나 판단력에 관한 여러 연구를 살펴보면 사람들은 다른 누군가를 위한 일이라고 생각할 때 좀 더 쉽게 정당하지 않은 방법을 사용하는 경향이 있다고 한다.[4] 그로 인해 얻는 것은 경제적인 이득에서부터 명예까지 다양하겠지만, 이는 결국 자신의 부정직함을 합리화하기 위해 이타주의를 표방하는 것뿐이다. 이러한 현상은 역경에 처해 있는 사람을 보면서 공감하거나 불공정한 대우를 받는 사람의 고통을 함께 느낄 때 더욱 심각해질 수 있다. 그런 상황에서는 부당하게 피해를 입은 사람을 도와준다는 미명하에 거짓말과 속임수, 도둑질을 정당화할 수 있기 때문이다.

직장 내에서도 동료의 상황에 공감해서 오류를 묵과하는 경우가 있는데, 이런 일에는 흔히 추문이 뒤따른다. 경찰이나 군인, 펜실베이니아주립대학교, 시티그룹, 제이피 모건, 월드 컴의 이야기를 들어보라. 이들로 하여금 단단히 곤욕을 치르게 했던 문제들, 말하자면 잔혹성, 성폭력, 사기 등이 외부로 폭로된 것은 가해자와 동질감을 느끼지 않는 외부자들에 의해서였다.

내가 보스턴대학교의 리안 영, 제임스 던건과 함께 진행한 연구에서는 사용자가 주어진 임무를 완수하면 돈을 받는 온라인 시장 아마존의 메커니컬 터크mechanical turk를 사용하는 사람들의 충성심에 대한 효과를 관찰했다. 연구를 시작하면서 참가자 중 몇 명에게는 충성심에 관한 글을 쓰게 했고, 다른 몇 명에게는 공정함에 관한 글을 쓰게 했다. 그리고 연구가 반 이상 진행된 뒤에 이 두 그룹의 참가자들에게 각기 다른 사람이 업무상 실수한 것을 보여줬다. 그러자 충성심과 관련된 글을 쓴 사람들은 동료의 업무상 과실을 고발하려는 의지가 낮았다. 이러한 결과는 집단주의를 따르는 나라에서 뇌물이 성행하는 것을 밝힌 연구와 일맥상통한다.[5] 소속감이나 상호 의존성이 높은 그룹의 일원들 사이에 공격적인 행위가 통용되는 경우가 많다. 이는 그러한 행동의 책임을 개인에게 돌리기보다는 집단 전체가 나누다 보니 개개인이 느끼는 가책이나 부담이 적기 때문이다.

간단히 말해서, 그룹 내 한 사람을 위한 공감이 그룹 전체의 정의와 상충될 수 있는 것이다.

과도한 공감을 제지하려면

위의 세 가지 문제는 해결하기 어려운 난제처럼 보일 수 있다. 그렇다면 경영자인 당신이 조직 내에서 과도한 공감이 일어나는 것을 완화시킬 수 있는 몇 가지 방법을 소개하겠다.

업무를 분할한다

직원 개개인에게 아무에게나 공감하는 대신 각기 특정 관심 대상을 정해서 집중하라고 수시로 권한다. 예를 들어 고객에게 우선적으로 초점을 맞추는 직원들이 있고, 동료에게 우선적으로 초점을 맞추는 직원들이 있을 때 각자의 방향대로 관심 대상을 정해서 업무 전담반을 구성하는 것도 좋은 방법이다. 그렇게 하면 관계를 개발하고 견해를 모으는 일이 수월해지고 직원 개개인의 입장에서도 노력의 소모가 적어진다. 그뿐 아니라 '관심을 가질' 책임을 팀이나 회사 전체에 고루 분배함으로써 전반적인 성과도 올라갈 것이다. 개인이 가진 공감 역량은 제한적이지만, 전체 직원들을 포괄적으로 참여시키면 훨씬 덜 제한적일 수 있다.

희생적인 성격을 최소화한다

우리 의식구조는 과도한 공감이 요구되는 경우 감수성이 강화되거나 약화되거나 둘 중 하나를 택하도록 돼 있다. 그 예로 자신과 타인의 이해관계가 상충될 때 제한적 상황을 더욱 악화시키는 경우를 들 수 있다(서로 상반된 입장에 있는 두 사람이 거래를 할 때 둘 사이의 격차에 너무 집착하는 나머지 거래는 성사되지 못하고 고착 상태에 빠지는 것과 같은 경우다). 적대적 사고방식은 상대방을 이해하고 합당하게 응대하지 못하게 할 뿐 아니라 자신의 뜻이 관철되지 않으면 '패배했다'는 느낌을 갖게 한다. 따라서 쌍방을 모두 충족시키는 통합적 해결책을 찾으면 서로가 소진되는 사태를 막을 수 있다.

다음의 예를 살펴보자. 채용 담당 경영자와 장래가 촉망되는 신입 지원자가 각기 마음속에 정해놓은 급여 액수가 다르면서 모두 돈 문제 하나에 집착한다면, 급여 협상은 치열한 줄다리기가 될 것이다. 하지만 지원자는 직장의 안정성에 더 관심이 있고, 경영자는 이직률을 낮추는 데 초점을 맞추고 있다고 가정해보자. 계약서에 직장의 안정성을 보장하는 조항을 넣는다면 쌍방이 모두 원하는 바를 이루게 될 것이다. 경영자의 공감적 행동은 그의 공감 역량을 고갈시키지는 않으면서도 신입 지원자가 급여 문제에서 한 걸음 물러설 수 있는 여지를 줄 것이고, 그 대가로 신입 사원이 직장에 머물게 된다면 그것이야말로 경영자 본인이 원하는 바이기 때문이다.

공감할 수 있는 역량은 제한돼 있지만, 최소한의 공감으로 최대한의 효과를 거둘 수 있다. 추측에 근거해서 일을 처리하지 말고 상대의 의향을 물어보자. 그러다 보면 잠재돼 있는 최대의 효과를 표면으로 끌어올릴 수 있을 것이다.

사람들을 쉴 수 있게 한다

인사조직과 교수인 나는 학생들이 리더십, 팀, 협상 등에 관한 우리 학과의 교과과정을 '소프트 기술'이라고 표현하는 말을 들으면 당혹스럽다. 다른 사람의 필요와 관심사, 욕구를 이해하고 이에 응답하는 일은 가장 힘들고 어려운 작업에 속하기 때문이다. 공감력은 타고나는 것이라는 주장이 있긴 하지만, 공감은 타인의 마음을 들여다보고 무관심이 아닌 연민으로 응답해야 하는 힘겨운 정신노동이다.

기술적이고 분석적인 작업, 또는 데이터 입력 같은 기

계적인 작업을 할 때 적당한 간격으로 휴식을 취해야 하는 것처럼 공감력을 소모하는 일도 휴식이 필요하다. 직원들이 공감 노동으로부터 휴식을 취할 수 있게 해줘야 한다. 구글의 '20퍼센트 시간 정책(업무 시간의 20퍼센트는 지시받은 일이 아닌 스스로 호기심을 느끼는 일을 하도록 한 구글만의 정책-옮긴이)'처럼 자기 주도적 프로젝트 진행을 권장하는 것만으로는 충분하지 않다(이러한 방침은 결과적으로 작업 시간을 증가시키는 결과를 초래한다). 직원들이 오로지 자신의 관심 분야에 집중하는 시간을 갖도록 해야 한다. 최근의 한 연구에서는 자신에게 집중하는 시간을 자주 갖는 사람일수록 다른 사람에게 공감을 잘하는 것으로 밝혀졌다.[6] 우리의 예상과는 다를 수 있지만, 사람들은 충분한 휴식으로 원기를 회복한 상태에서 타인의 필요를 알아차리고 이에 부응하는 고된 작업을 좀 더 효과적으로 수행할 수 있다.

어떻게 하면 타인에게 관심을 갖고 배려하려는 마음을 일시적으로 멈출 수 있을까? 오브테크놀로지Orrb Technologie가 개발한 물방울 형태의 웰빙 및 학습 캡슐과 같은 개인 공간을 이용해서 직원들이 그 안에 들어가 휴식, 명상, 또는 그 외의 방법으로 재충전을 할 수 있게 하는 기업들도 있다. 예를 들어 맥라렌McLaren 같은 기업은 이 캡슐을 이용해서 F1 슈퍼카 운전자들을 교육시킨다. 전기 부품 공급업체인 반 미터Van Meter에서는 직원들이 휴가를 간 동안 이메일을 차단하고 휴가를 전적으로 즐길 수 있도록 하는 식의 훨씬 간단한 방법으로 직원들의 휴식을 보장하고 있다.

공감력에 한계성이 있음에도 직장에서 공감은 반드시 필요한 요소다. 그러므로 경영자는 직원들이 공감 역량을 현명하게 사용할 수 있도록 이끌어줘야 한다.

니컬러스 에플리가 자신의 저서 『마음을 읽는다는 착각Mindwise』에서 주장하듯이 누군가에게 공감하고자 할 때에는 그가 어떻게 느낄 것인지 상상하지 말고 직접 그의 경험을 들어보는 것이 좋다. 이는 최근 연구에서도 입증됐다.[7] 참가자들에게 시력을 잃은 사람이 얼마나 독립적으로 일을 하고 생활할 수 있을지 물었다. 질문에 답을 하기 전에 일부 참가자들에게 눈가리개를 착용한 채 고난

이도의 작업을 하게 했다. 눈을 가리고 작업을 해본 참가자들은 시력을 잃은 사람들이 할 수 있는 일들이 실제보다 훨씬 적을 것이라고 판단했다. 실험을 통해 참가자들은 '시력을 잃은 사람들은 어떤 느낌으로 살아갈까?'가 아니라 '내가 만일 시력을 잃는다면 어떤 느낌일까?'를 생각해봤기 때문이다(그리고 답은 '매우 힘들다!'였을 것이다). 이러한 연구 결과는 포드자동차가 직원들에게 임신 공감용 복대를 착용하게 하는 것이 그 의도는 좋으나 오해의 소지가 있음을 말해준다. 임신 공감용 복대를 착용해본 엔지니어들은 실제 임산부들이 운전 중에 경험하는 불편을 지나치게 과장하거나 그릇된 평가를 할 수 있기 때문이다.

상대방의 이야기를 들어보는 일, 다시 말해 어떤 느낌이며 무엇을 원하는지 그리고 어떤 생각을 하는지를 듣는 것이 간단하지만 훨씬 더 정확하다. 또한 직원들에게나 조직에 주는 부담도 훨씬 적다. 끝없이 추측하지 않고, 실제 정보를 수집하기 때문이다. 그러므로 더 현명한 공감의 방식이라 할 수 있다.

10

달라이 라마는 감정지능에 대해 대니얼 골먼에게 어떠한 가르침을 주었을까

대니얼 골먼과의 인터뷰

by 안드레아 오반스

안드레아 오반스 Andrea Ovans
「하버드비즈니스리뷰」의 수석 편집장을 지냈다.

대니얼 골먼은 「하버드비즈니스리뷰」에 처음으로 감정
지능에 대한 글을 쓰기 20년 전에 애머스트칼리지에서
달라이 라마를 만난 적이 있다. 달라이 라마는 「뉴욕타임
스」 과학 기자였던 그에게 과학자들과의 만남에 관심이
있다는 언급을 했고, 이에 골먼이 생태학부터 신경과학에
이르는 다양한 분야의 과학자들과 불교계의 영적 지도자
의 '깊이 있는 대화' 시리즈를 기획하면서 길고도 충실한
두 사람의 관계가 시작됐다. 지난 30여 년간 골먼은 심리
학자이자 비즈니스 철학자로서 자신의 길을 가면서 달라

이 라마를 매우 특별한 지도자로 존경해왔다. 그러다 보니 골먼은 달라이 라마의 80번째 생일을 맞아 해답이 없을 듯한 세상의 문제를 바라보는 달라이 라마의 연민 어린 시선이 담긴 책을 써달라는 부탁을 받게 됐고, 그런 기회가 주어진 것이 말할 수 없이 기뻤다고 한다. 2015년 6월에 출판된 『선을 위한 힘』은 골먼이 가지고 있는 인지과학 분야의 지식과 달라이 라마와의 오랜 인연의 힘으로 완성됐는데, 과학과 연민의 힘에 대한 탐구와 행동할 것을 고무하는 내용이 모두 담겨 있다. 나는 골먼의 책과 달라이 라마의 연민에 대한 견해가 감정지능에 대한 골먼의 생각에 어떠한 영향을 미쳤는지 알고 싶어서 그에게 전화 인터뷰를 청했다. 아래에 실린 내용은 골먼과의 대화 내용을 편집 발췌한 것이다.

안드레아 우선 용어 정리부터 하는 게 좋을 것 같습니다. 선생님께서 말씀하시는 연민이란 단어를 어떻게 이해하면 될까요? 감정지능의 주요 부분인 공감과 거의 흡사하게 들리는데요. '연민'과 '공감'은 다릅니까?

대니얼 네, 중요한 차이점이 있습니다. 최근에 「하버드비즈니스리뷰」에도 쓴 적이 있지만, 공감의 세 가지 유형은 각기 감정지능에 중요한 역할을 합니다. 타인의 견해를 이해하는 **인지적 공감**, 타인의 느낌을 함께 느끼는 **정서적 공감**, 그리고 타인이 당신에게 무엇을 원하는지 알아차릴 수 있는 **공감적 관심**이죠(1장 '공감이란 무엇인가?' 참조). 이 세 가지 공감 능력은 각기 뇌의 다른 부분에서 관장하는데, 사회적 유대 관계를 잘 이뤄가려면 세 가지 모두를 함양해야 합니다.

그런데 연민은 공감에서 한 단계 더 나아가야 하죠. 곤경에 처해 있는 사람을 보면서 당신 자신이 곤경에 처한 듯 느끼게 되고, 따라서 그를 도와주고 싶은 마음이 드는 것이니까요.

왜 그런 구분을 해야 하죠?

간단히 말해서, 연민은 이해하는 것과 돌보는 것의 차이를 만들어냅니다. 그것은 마치 자식에 대한 부모의 마음과 같아요. 연민의 마음을 기르는 것은 자식에 대한 부모의 마음을 가까운 사람들, 그리고 더 나아가 살아가면서 만나는 모든 사람들에게 확장시키는 겁니다. 직장에서 동료를 대할 때나 경영자로서 부하 직원을 대할 때, 또는 의뢰인이나 고객을 대할 때 그런 마음을 갖는다면 긍정적인 효과가 매우 클 것이라 생각합니다. 긍정적인 마음으로 다른 사람을 대하면 그러한 기운이 퍼져서 신뢰와 충성심을 고양시키므로 모든 상호작용이 훨씬 조화롭게 이뤄질 테니까요. 그 반대의 경우, 즉 배려심을 보이지 않는 행동 양식은 불신과 부조화의 풍조를 만들기 때문에 가정도 직장도 제 기능을 다하지 못하게 되죠.

그 말씀을 들으니 내가 남을 잘 대하면 모든 일이 그러지 않았을 때보다 잘 돌아가고, 내가 남을 배려해주면 상대는 그 이상으로 나를 배려해준다는 말씀인 것 같아서 저절로 고개가 끄덕여지네요. 그렇다면 왜 그런 일들이 일상적으로 일어나지 않는 걸까요? 문화적인 요인

때문일까요? 아니면 경쟁을 해야 할 때와 서로 배려를 해야 할 때를 제대로 구분하지 못하기 때문일까요?

우리는 종종 내가 다른 사람에게 친절하거나 다른 사람을 위하는 마음을 갖게 되면 나 자신의 이득을 추구하는 마음을 가질 수 없다고 착각하는 것 같아요. 그러다 보면 '좋아, 나는 다른 누구도 아닌 나만을 생각하겠어' 하는 마음을 갖게 되죠. 바로 이런 생각이 비즈니스 영역에서도 개인의 삶에서도 많은 문제를 초래하는 거라 생각해요. 그러나 우리가 연민을 느낄 때는 그 안에 자신도 포함되는 거예요. 스스로를 보호하고 심신의 건강을 확인하면서 동시에 타인에 대해서도 같은 마음을 적용시킨다면, 서로 협동하고 함께 일할 수 있는 기본 구조를 만들어낼 수 있어요.

비즈니스 영역에 실제로 적용시킨 예를 들어주실 수 있을까요?

판매왕이나 고객 관리자들에 관한 연구를 예로 들 수 있을 것 같습니다. 연구에서 최하위 실적을 기록한 사람들은 고객을 대할 때 '상대방이 어떻게 되든 상관없이 현재 내가 얻을 수 있는 가장 유리한 거래를 성사시키고 말겠어'라는 태도를 가지고 있었어요. 이런 경우 거래를 성사시킬 수는 있지만 고객과의 관계를 잃어버리죠. 반면에 순위의 상위권을 차지한 사람들의 마음가짐은 이렇습니다. '나는 고객을 위해 일함과 동시에 나 자신을 위해 일한다. 진솔한 마음으로 고객을 대하며 항상 정직하게 조언을 할 것이다. 내가 제시할 수 있는 거래 조건이 고객의 입장에서 최선이 아니라면 이번에 내가 거래 실적을 올리지 못하더라도 솔직하게 말할 것이다.' 여기서 내가 강조하고 싶은 '나 먼저'와 '모두에게 좋은 방향으로'의 차이는 바로 이런 것이에요.

느낄 수가 없는데 어떻게 연민의 정서를 함양할 수 있을까요?

오늘날 많은 신경과학자들이 연민에 대한 연구를 진행 중이고 스탠퍼드, 예일, UC 버클리, 위스콘신대학교 메디슨캠퍼스 등의 대학에서도 연민의 정서를 함양하기 위한 방법을 연구 및 실험 중에 있습니다. 요즈음 직장에서도 마음챙김을 권장하는 추세인데 막스플랑크연구소의 데이터에 의하면 마음챙김 훈련이 뇌기능 향상에 도움이 되기는 하지만, 영향을 받은 회로가 배려와 연민의 정서를 관장하는 부분은 아니라고 합니다. 다시 말해서 마음챙김만으로는 연민의 정서가 함양된다고 말할 수 없어요.

그렇다고 해도 직장에서 마음챙김을 할 때 사용하는 전통적인 명상 방법에는 두 가지가 연결돼 있어요. 그러니까 연민의 정서를 함양한다는 맥락에서 마음챙김 훈련을 하는 것도 좋다고 생각합니다.

예를 들어 스탠퍼드대학교에서는 종교적 행위였던 명상 방법에 세속적인 성격을 가미해서 명상 프로그램을 개발했어요. 명상을 하면서 동시에 타인을 향한 자애심, 배려, 연민의 정서를 함양하는 방법이에요. 처음에는 자신을 향해 그러한 정서를 집중시켜보고, 그다음에는 자기가 사랑하는 사람들, 그다음에는 주변의 지인들에게로 확장시켜가는 거죠. 그리고 마지막에는 모두를 위해 그런 마음을 가지게 되는 거예요. 이 방법으로 훈련을 하면 뇌에서 연민의 정서를 관장하는 부분이 자극되고 기회가 왔을 때 연민의 정서가 자연스럽게 배어나도록 뇌를 준비시키는 효과가 있습니다.

달라이 라마가 매우 뛰어난 지도자라고 하셨는데, 지도자의 위치에 있는 우리가 본받을 수 있는 그분만의 지도 방식이나 철학 같은 것이 있을까요?

수년간 그분을 봬왔고 또 이번에는 이 책을 쓰기 위해 긴 인터뷰를 했어요. 달라이 라마와 함께한 이런 소중한 경험과 그동안 리더십 문헌들을 접하면서 쌓아온 저의 지식을 토대로 정리해볼 때 세 가지 사실을 말씀드릴 수 있습니다.

우선 그분은 조직이나 단체의 지원을 받고 있지 않습니

다. 비즈니스를 운영하거나 소유하지도 않으시고요. 정당의 지도자도 아닙니다. 한마디로 이 세상을 살아가는 시민의 한 사람이죠. 그래서 현 세상이 당면한 문제들에 대해 자유롭게 의견을 피력할 수 있는 거예요. 특정 단체나 인과관계에 구속을 받으면 문제 해결의 가능성이나 중요한 관점을 바라볼 때 근시안적일 수밖에 없어요. 자연히 다음 분기의 성과나 당장 임박한 선거에 초점을 맞추게 되니까요. 하지만 달라이 라마는 전혀 그렇지 않습니다. 우리 이후에 살아갈 몇 세대의 후손들을 포함해서 인류 전체를 위한 최선의 길이 무엇인지를 생각하죠. 그만큼 거시적인 시각을 가지고 있기 때문에 사소하고 편협한 문제들보다는 인류 전체에 영향을 미치는 중대한 문제들에 관심을 둡니다.

그러므로 우리도 시야를 가리거나 편협하게 하는 것들이 있는지 스스로 점검해봐야 합니다. 타인을 배려하는 마음을 방해하는 것은 없는지? 그리고 어떻게 하면 세상을 바라보는 시야를 넓히고, 마음을 키울 수 있는지?

두 번째, 제가 달라이 라마로부터 감동을 받은 것은 그분이 세상 모든 것으로부터 정보를 받아들인다는 사실이었습니다. 국가의 원수들도 만나지만 거리의 걸인들도 만납니다. 전 세계 어느 계층에 있는 사람이든 만나서 이야기를 듣고 그들의 삶에서 뭔가를 얻어냅니다. 이렇게 폭넓은 시각으로 세상을 바라보기 때문에 모든 상황을 깊이 있게 이해할 수 있으며 그분만의 방식으로 분석해 다른 사람들은 생각하지 못했던 해법을 제시할 수 있는 것이죠. 바로 이런 점들이 우리와 같은 범상한 지도자들이 배워야 할 부분이라고 생각합니다.

마지막으로 그분이 가지고 있는 연민의 넓은 범주에 대해서 말씀드리고 싶은데 이는 우리 모두가 닮고 싶어 하는 모습이기도 할 것입니다. 그 포용의 범주는 가히 무한하다고 할 수 있어요. 모든 사람, 더 나아가 세상 전체에 대해 연민하는 마음을 가지고 있는 것 같아요.

이번 책이 행동할 것을 고무하는 내용이라고 하셨는데, 독자들이 책을 읽고 무엇을 하기를 기대하시나요?

책의 내용이 행동할 것을 고무하기는 하는데, 매우 합리적인 권유라고 할 수 있어요. 달라이 라마는 문제를 신중하게 분석하고 그에 근거해서 해결책을 찾아야 한다고 믿는 분이에요. 그러면서 현안에 적극적으로 행동하는 사람들을 열정적으로 지지합니다. 수동적이거나 무력한 마음가짐, 또는 '그래 봐야 무슨 소용이 있겠어? 내가 그 혜택을 볼 때까지 살 것도 아닌데' 하는 생각이 아니라, 앞으로 몇 세대가 걸려서 해결될 문제라 하더라도 변화를 시작하는 것이 중요하다고 생각하는 거죠. 해결하기에는 너무 거대해 보이는 문제들에 직면했을 때 사람들이 무엇을 할 수 있는지 이해할 수 있도록 돕는 것이 달라이 라마의 바람이면서 저의 바람이기도 합니다. 말하자면 좀 더 포용력 있는 경제구조를 만드는 것, 자기가 하는 일에서 의미를 찾는 것, 유능해지려고만 하지 말고 선을 행하고자 노력하는 것, 비즈니스와 정치, 종교 등 사회 전반에 걸쳐 불의와 불공정함, 부정과 부패를 척결하는 것, 파괴된 환경을 복구하는 데 협조하는 것, 그리고 세계 곳곳에서 일어나는 분쟁이 전쟁이 아닌 대화로 해결되기를 바라는 것 등이 있겠죠.

이런 일들은 사실 아주 중대한 문제예요. 하지만 문제를 올바른 방향으로 풀어가기 위해 개개인이 할 수 있는 일들은 분명히 있어요. 경계선 너머로 손을 내밀고 다른 그룹에 속해 있는 누군가에게 우호적으로 다가간다든가 하는 일들을 포함해서 말이죠. 사실 이런 소소한 행위가 강력한 효과를 발휘할 수 있어요. 지구상에 서로 뿌리 깊은 적대감을 가지고 있는 두 그룹이 있다고 할 때, 각 그룹의 일원들 중에 소수는 개인적인 친분으로 서로를 좋아하는 감정이 있을 수도 있잖아요. 말하자면 상대 그룹에 친구가 있는 거죠. 그런 경우 경계 너머로 손을 내미는 아주 단순한 행위가 사실은 아주 깊은 파장을 일으킬 수 있어요. 그 외 여러 분야에서도 다만 뒷전에서 보고만 있을 것이 아니라 이렇게 증폭 효과를 발휘할 수 있는 요소들을 최대한 활용해야 합니다.

주석

2장

1. "Britain's Workers Value Companionship and Recognition Over a Big Salary, a Recent Report Revealed," *AAT press release*, July 15, 2014, https://www.aat.org.uk/about-aat/press-releases/britains-workers-value-companionship-recognition-over-big-salary.

2. T. Qiu et al., "The Effect of Interactional Fairness on the Performance of Cross-Functional Product Development Teams: A Multilevel Mediated Model," *The Journal of Product Innovation Management* 26, no. 2 (March 2009): 173–187.

3. K. T. Dirks et al., "Trust in Leadership: Meta-Analytic Findings and Implications for Research and Practice," *Journal of Applied Psychology* 87, no 4 (August 2002): 611–628.

4. R. Boyatzis et al., "Examination of the Neural Substrates Activated in Memories of Experiences with Resonant and Dissonant Leaders," *The Leadership Quarterly* 23, no. 2(April 2012): 259–272.

5. T. Bartram et al., "The Relationship between Leadership and Follower In-Role Performance and Satisfaction with the Leader: The Mediating Effects of Empowerment and Trust in the Leader," *Leadership & Organization Development Journal* 28, no.

1, (2007): 4–19.

6. L. Norman et al., "Attachment-Security Priming Attenuates Amygdala Activation to Social and Linguistic Threat," *Social Cognitive and Affective Neuroscience*, Advance Access, November 5, 2014, http://scan.oxfordjournals.org/content/early/2014/11/05/scan.nsu127.

7. F. Lee et al., "The Mixed Effects of Inconsistency on Experimentation in Organizations," *Organization Science* 15, no. 3 (2004): 310–326.

8. D. Lindebaum and P. J. Jordan, "When It Can Feel Good to Feel Bad and Bad to Feel Good: Exploring Asymmetries in Workplace Emotional Outcomes," *Human Relations*, August 27, 2014, http://hum.sagepub.com/content/early/2014/07/09/0018726714535824.full.

9. L. Z. Tiedens, "Anger and Advancement Versus Sadness and Subjugation: The Effect of Negative Emotion Expressions on Social Status Conferral," *Journal of Personality and Social Psychology* 80, no. 1 (January 2001): 86–94.

10. K. M. Lewis, "When Leaders Display Emotion: How Followers Respond to Negative Emotional Expression of Male and Female Leaders," *Journal of Organizational Behavior* 21, no. 1 (March 2000): 221–234.

11. E. Seppala, "The Hard Data on Being a Nice Boss," *Harvard*

Business Review*, November 24, 2014, https://hbr.org/2014/11/the-hard-data-on-being-a-nice-boss; and A. J. C. Cuddy et al., "Connect, Then Lead," *Harvard Business Review* (July-August 2013).

12. "Know Thyself: How Mindfulness Can Improve Self-Knowledge," *Association for Psychological Science*, March 14, 2013, http://www.psychologicalscience.org/index.php/news/releases/know-thyself-how-mindfulness-can-improve-self-knowledge.html.

13. E. Butler et al., "The Social Consequences of Expressive Suppression," *Emotion* 3, no. 1 (2013): 48–67.

14. A. Galinsky, et al., "Why It Pays to Get Inside the Head of Your Opponent: The Differential Effects of Perspective Taking and Empathy in Negotiations," *Psychological Science* 19, no. 4 (April 2008): 378–384.

15. L. Solomon, "Becoming Powerful Makes You Less Empathetic," *Harvard Business Review*, April 21, 2015, https://hbr.org/2015/04/becoming-powerful-makes-you-less.

16. P. A. Hannon et al., "The Soothing Effects of Forgiveness on Victims' and Perpetrators' Blood Pressure," *Personal Relationships* 19, no. 2 (June 2012): 279–289.

17. G. Bono et al., "Forgiveness, Feeling Connected to Others, and Well-Being: Two Longitudinal Studies," *Personality and Social*

Psychology Bulletin 34, no. 2 (February 2008): 182–195; and K. A. Lawler, "The Unique Effects of Forgiveness on Health: An Exploration of Pathways," *Journal of Behavioral Medicine* 28, no. 2 (April 2005): 157–167.

18. American Psychological Association, "By the Numbers: A Psychologically Healthy Workplace Fact Sheet," *Good Company Newsletter*, November 20, 2013, http://www.apaexcellence.org/resources/goodcompany/newsletter/article/487.

19. E. D. Heaphy and J. E. Dutton; "Positive Social Interactions and the Human Body at Work: Linking Organizations and Physiology," *Academy of Management Review* 33, no. 1 (2008): 137–162; and S. Azagba and M. Sharaf, "Psychosocial Working Conditions and the Utilization of Health Care Services," *BMC Public Health* 11, no. 642 (2011).

20. S. G. Barsdale and D. E. Gibson, "Why Does Affect Matter in Organizations?" *Academy of Management Perspectives* 21, no. 1 (February 2007): 36–59; and S. G. Barsdale and O. A. O'Neill, "What's Love Got to Do with It? A Longitudinal Study of the Culture of Companionate Love and Employee and Client Outcomes in the Long-Term Care Setting," *Administrative Science Quarterly* 59, no. 4 (December 2014): 551–598.

4장

1. D. Goleman et al., *Primal Leadership: Unleashing the Power of Emotional Intelligence* (rev. ed.) (Boston: Harvard Business Review Press, 2013).

2. K. D'Costa, "Why Do We Need to Have So Many Meetings?" *Scientific American*, November 17, 2014, https://blogs.scientifi camerican.com/anthropology-in-practice/why-do-we-need-to-have-so-many-meetings/.

3. V. Ramachandran, "The Neurons That Shaped Civilization," TED talk, November 2009, https://www.ted.com/talks/vs_ramachandran_the_neurons_that_shaped_civilization?language=en.

4. M. Csikzsentmihalyi, *Creativity: Flow and the Psychology of Discovery and Invention* (New York: Harper Perennial, 1997).

5장

1. R. L. Ruttan et al., "Having 'Been There' Doesn't Mean I Care: When Prior Experience Reduces Compassion for Emotional Distress," *Journal of Personality and Social Psychology* 108, no. 4 (April 2015): 610–622.

2. L. F. Nordgren et al., "Visceral Drives in Retrospect: Explanations About the Inaccessible Past," *Psychological Science* 17, no. 7 (July 2006): 635–640.

3. K. C. Kellogg, *Challenging Operations: Medical Reform and Resistance in Surgery* (Chicago: University of Chicago Press, 2011).

6장

1. J. Hogeveen et al., "Power Changes How the Brain Responds to Others," *Journal of Experimental Psychology* 143, no. 2 (April 2014): 755–762.

2. M. Gordon et al., "Patrick Cannon Pleads Guilty to Corruption Charge," *The Charlotte Observer*, June 3, 2014, www.charlotte observer.com/news/local/article9127154.html.

7장

1. R. Martin, *The Design of Business: Why Design Thinking Is the Next Competitive Advantage* (Boston: Harvard Business Review Press, 2009.)

9장

1. M. Abendroth and J. Flannery, "Predicting the Risk of Compassion Fatigue: A Study of Hospice Nurses," *Journal of Hospice and Palliative Nursing* 8, no. 6 (November–December 2006): 346–356.

2. K. Sung et al., "Relationships Between Compassion Fatigue,

Burnout, and Turnover Intention in Korean Hospital Nurses," *Journal of Korean Academy of Nursing* 42, no. 7 (December 2012): 1087–1094.

3. J. Halbesleben et al., "Too Engaged? A Conservation of Resources View of the Relationships Between Work Engagement and Work Interference with Family," *Journal of Applied Psychology* 94, no. 6 (November 2009): 1452–1465.

4. F. Gino et al., "Self-Serving Altruism? The Lure of Unethical Actions That Benefi t Others," Journal of Economic Behavior & Organization 93 (September 2013); and F. Gino and L. Pierce, "Dishonesty in the Name of Equity," *Psychological Science* 20, no. 9 (December 2009): 1153–1160.

5. N. Mazar and P. Aggarwal, "Greasing the Palm: Can Collectivism Promote Bribery?" *Psychological Science* 22, no. 7(June 2011): 843–848.

6. G. Boyraz and J. B. Waits, "Reciprocal Associations Among Self-Focused Attention, Self-Acceptance, and Empathy: A Two-Wave Panel Study," *Personality and Individual Differences* 74 (2015): 84–89.

7. A. M. Silverman et al., "Stumbling in Their Shoes: Disability Simulations Reduce Judge Capabilities of Disabled People," *Social Psychological & Personality Science* 6, no. 4 (May 2015): 464–471.

옮긴이 민지현

이화여자대학교 영어영문학과를 졸업하고 미국으로 건너가 뉴욕주립대학교에서 교육학 석사학위를 받았다.
현재 뉴욕에 살면서, 번역 에이전시 엔터스코리아에서 출판 기획자 및 전문 번역가로 활동하고 있다.
옮긴 책으로는 『배우는 방법을 배워라』 『세계의 신화』 『세상에서 가장 느린 책』 등이 있다.

KI신서 7710

HOW TO LIVE & WORK #2 공감

1판 1쇄 인쇄 2018년 10월 12일
1판 1쇄 발행 2018년 10월 19일

지은이 대니얼 골먼 에마 세팔라 잭 젠거 조지프 포크먼 애니 맥키 레이철 루탄 메리헌터 맥도널
로란 노드그렌 루 솔로몬 존 콜코 멜리사 루반 애덤 웨이츠 안드레아 오반스 **옮긴이** 민지현
펴낸이 김영곤 박선영 **펴낸곳** (주)북이십일 21세기북스
콘텐츠개발1팀장 이남경 **책임편집** 김신영
해외기획팀 임세은 장수연 이윤경
마케팅본부장 이은정
마케팅1팀 김홍선 최성환 나은경 송치헌 **마케팅2팀** 배상현 신혜진 조인선 **마케팅3팀** 한충희 최명열 김수현
디자인 어나더페이퍼 **홍보팀장** 이혜연 **제작팀** 이영민

출판등록 2000년 5월 6일 제406-2003-061호
주소 (우 10881) 경기도 파주시 회동길 201(문발동)
대표전화 031-955-2100 **팩스** 031-955-2151 **이메일** book21@book21.co.kr

(주)북이십일 경계를 허무는 콘텐츠 리더

21세기북스 채널에서 도서 정보와 다양한 영상자료, 이벤트를 만나세요!
페이스북 facebook.com/21cbooks   블로그 b.book21.com
인스타그램 instagram.com/book_twentyone 홈페이지 www.book21.com
서울대 가지 않아도 들을 수 있는 명강의! 〈서가명강〉
네이버 오디오클립, 팟빵, 팟캐스트에서 '서가명강'을 검색해보세요!

ⓒ 하버드비즈니스스쿨 출판그룹, 2018
ISBN 978-89-509-7657-6 03320